Basic Japanese for Students
新装版

留学生の日本語初級45時間

はかせ 1

Hakase 1

監修：東京工業大学留学生センター
著者：山﨑佳子・土井みつる

スリーエーネットワーク

Published by 3A Corporation.
Shoei Bldg., 6-3, Sarugaku-cho 2-chome, Chiyoda-ku, Tokyo 101-0064, Japan

ISBN4-88319-405-1 C0081

First published 2002
Printed in Japan

はじめに

近年、国際交流の意義が広く社会に認められ、様々な分野でグローバル化が進んでいます。大学や企業間の活発な学術交流はその１つの表れです。特に、理工系の分野では、大学生、大学院生、研究員の人物交流が盛んになってきました。しかし、日本の大学、大学院に留学を希望する人たちにとって、日本語が大きな壁になっていることもまた事実です。

こうした状況から、東京工業大学では1993年、国際大学院コースを開設し、外国人留学生（大学院生）が英語を使って研究できる体制を整えるとともに、学位の取得を可能にしました。それと同時に、同大留学生センターが同コースに在籍する学生の日本語教育を担当し、それに適した学内版テキストの開発を行ってきました。

そして、2002年、同大留学生センター監修により『Basic Japanese for Students はかせ　留学生の日本語初級45時間』（スリーエーネットワーク）が発行されました。このテキストは、東京工業大学学内版テキストの数年にわたる試行の後、対象を一般の研究留学生・研究員に広げ、加筆、編纂されたものです。

今回、この『Basic Japanese for Students はかせ　留学生の日本語初級45時間』に音声ＣＤを付けて２分冊とし、一部修正を施したものが『新装版 Basic Japanese for Students はかせ１　留学生の日本語初級45時間』と『新装版 Basic Japanese for Students はかせ２　留学生の日本語初級45時間』です。

音声ＣＤが付いたことで、学習者にも教授者にも使いやすくなり、一層の学習効果が期待できるようになりました。

旧版の『Basic Japanese for Students 留学生の日本語初級45時間　はかせ』から『新装版 Basic Japanese for Students はかせ１　留学生の日本語初級45時間』『新装版 Basic Japanese for Students はかせ２　留学生の日本語初級45時間』の発行に至るまで、監修の東京工業大学留学生センター仁科喜久子教授をはじめ、同大学留学生センターの教員の方々には多くのご指導を頂戴致しました。また、スリーエーネットワーク出版部の菊川綾子氏には、一方ならぬご尽力を頂きました。ここに併せて御礼申し上げます。

2006年10月

山﨑佳子　土井みつる

Preface

International and cultural exchange has been promoting globalization on a world-wide basis in various fields. Accordingly, international academic exchange among university and research institutes in scientific and technological fields has been activated. However, overseas students have had to face a language barrier to study at universities in Japan.

The Tokyo Institute of Technology set up the International Graduate School Course in 1993, and this has enabled overseas students to do research and to acquire degrees in Japan through the medium of English. At the same time, the International Center at the same Institute started Japanese language classes for the students who were on this course, resulting in the development of a text suitable for use on campuses.

In 2002, under the editorial supervision of the International Center, *Basic Japanese for Students: Hakase* (3A Corporation) was published. After a number of years of trial usage as the Tokyo Institute of Technology's text, the types of research students and researchers that the book is aimed at have increased and so this text has been created to meet such changes.

This new edition of *Basic Japanese for Students: Hakase* has been split into two volumes, *Basic Japanese for Students: Hakase 1* and *Basic Japanese for Students: Hakase 2*, and now comes with a CD.

The accompanying CD has been made for ease of use, both for the student and the instructor, and will further the effectiveness of learning.

From beginning to end, with the original *Basic Japanese for Students: Hakase* to the publication of *Basic Japanese for Students: Hakase 1* and *Basic Japanese for Students: Hakase 2*, we received a great deal of help, with the editorial supervision of the Tokyo Institute of Technology's Prof. Kikuko Nishina, as well as a great deal of guidance and advice from various members of the teaching staff of the Institute's International Center. In addition, we benefited from the great efforts of Ayako Kikukawa of 3A Corporation's Publishing Department. Taking this opportunity, we would like to thank them all for their great help.

Yoshiko Yamazaki and Mitsuru Doi
October 2006

目次（もくじ）

Contents

テキストをご使用になる方へ

対象とする学習者

『新装版 Basic Japanese for Students はかせ１　留学生の日本語初級45時間』『新装版 Basic Japanese for Students はかせ２　留学生の日本語初級45時間』(以下『はかせ１』『はかせ２』) は、大学院等で専門の研究をする留学生や外国人研究員を対象にしています。このような学習者は研究活動に多忙なため、予習と復習に十分な時間がさけないことを前提に短期間で効果的な学習ができるよう配慮されています。

また、日本への研究留学をひかえている学習者が自国で使用した場合、日本語の予備知識を身に付けることができるとともに、『はかせ１』『はかせ２』が扱っている内容から日本での生活や研究活動をイメージすることができます。ですから、『はかせ１』『はかせ２』はそのような学習者にも適した教科書であると言えます。

学習時間

『はかせ１』『はかせ２』は教師の指導のもと、クラスで使用されることを想定しています。ゼロからスタートした学習者が、１週間に３時間（90分×２回）の日本語のコースに出席した場合、ほぼ半年（大学で行われている日本語教育の場合ほぼ15週と考えられます）でこの２冊（全30課）を終了することができます。タイトルにある「45時間」というのは、その目安を表しています。

学習の内容と目的

初級レベルの外国語を学習している人は、その言語圏の人や文化との接触の経験が浅いのが一般的です。日本に来て初級の日本語を勉強している学習者も、日々の生活に様々な不便を感じていることが多いと思われます。本書では、そのような学習者が日本での生活をスムーズにスタートできるよう、練習問題の中で日本の文化や日本人の生活習慣の一端を紹介しています。

また、研究室等での教官や友人との意思疎通の齟齬（そご）が、研究活動の妨げになることもあります。そうした点にも配慮し、大学などでの研究生活に関係のある場面や語彙も多く扱っています。

本書では動詞、形容詞の活用形の主なものとそれを含む初級前期の基本的な文型が学べるようになっています。そのような文法項目を日常生活、研究生活で応用し、円滑なコミュニケーションが行えることを本書では学習の目的にしています。

しかし、学習者は、日常会話ですぐに役立つものを習いたいと言う一方、文法をきちんと積み上げていきたいという欲求も持っています。このことを考慮して、本書では初級前期の文法項目が体系的に積み上げられていくようにも工夫されており、文法の理解をもう一つの学習の目的にしています。

構成

1. Introduction to the Japanese Language
   日本語学習の予備知識として、日本語の文法、発音、表記について紹介しています。

2. 各課の構成は次の通りです。
   (1) Objectives: その課の学習目標を示しています。
   (2) Structures: その課の学習項目となる新出文型を示しています。
   (3) 練習：文型を定着させるための単純な入れ替え練習から、インフォメーションギャップを利用したタスク性のある練習、発表を意識した練習、会話など様々なタイプの練習を含んでいます。スキル別にも、話す、それに付随して聞く練習が行えるようになっています。
   (4) Vocabulary: その課の新出語彙と問題に関連のある語彙を練習ごとにまとめています。
   (5) Notes: 新出の文法項目についての説明が簡潔にまとめられています。
   (6) Information: その課の問題に関連のある情報をまとめています。
   (7) Review Quiz: 5課ごとの復習のクイズです。語彙や文法の復習をすることができます。

3. 付録
   (1) 動詞のチャート Verb Chart: 基本的な動詞20の絵チャートです。動詞の活用練習などに使用することができます。
   (2) 形容詞のチャート Adjective Chart: 基本的な形容詞20の絵チャートです。形容詞の活用練習などに使用することができます。
   (3) 動詞の活用表 Verb Conjugation Chart: Vocabulary の動詞が提出の課の順に並べてありその活用が一覧できるようになっています。

4. 索引 Indices: ABC 順で日英、英日の語彙索引があります。（固有名詞をのぞく。）

本書の特徴とクラスで使用する際の留意点

本書は、対象としている学習者が日本語の勉強に十分な時間が取れないことを想定していますので、彼等の学習の負担を軽減するために、日本語表記にローマ字を併記させています。また、Objectives や新出の Vocabulary のほか、問題の例文や会話など、必要な箇所には英訳を付しています。

練習問題では、学習者が自分の状況を述べるものや意見をまとめるものを多く扱っています。また、課が進むとともに、クラスメートにインタビューし、それを発表させる練習も取り入れています。さらに、文字表記に頼らず写真やイラストから答えを考えるものもあります。これらは、一つの答えを導く問題ではありません。ですから、本書を使ってのクラス活動は、指導する教師と出席している学生によって、様々な展開となります。

また、本書の対象は成人であるため、「どちら」「お国」などの丁寧語は学習の初期の段階から提出しています。定着が目的ではありませんが、知っておくと便利な電話や訪問場面での待遇表現も取り入れています。また、親しい関係で使われる口語体での会話も紹介しています。『はかせ１』『はかせ２』で提出されている語彙数は固有名詞を含めると1300語以上になり、このレベルの教科書としては多いと言えますが、全てを使用語彙として覚える必要はありません。

学習の目的でも述べたとおり、学習者の実際の生活場面でのコミュニケーションに役立つことが大切です。学習者のニーズに合った指導を望みます。

漢字表記について

5課までの日本語表記は、ひらがな、カタカナのみで行っています。これは漢字圏の学習者が、学習の最初の段階で、漢字に頼らずきちんと日本語の発音を学習することへの配慮です。6課からは、日本語能力試験3級までの漢字を使用しています。それらの漢字を含む熟語も漢字で表記しています。また、日常生活において漢字で目にすることの多い語彙や、大学生活や専門に関係のある語彙も漢字で表記しています。

（例） 飛行機、電子辞書、講義、分析　など。

また反対に、日本語能力試験3級に相当する漢字でも、読み易さを考慮して、6課以降もひらがなで表記したものがあります。

（例） わたし（私）、～のあとで（～の後で）、昨日（きのう）　など。

凡例

N: noun
V: verb
Adj.: adjective
N.S.: noun sentence
V te-form: te-form of a verb
V ta-form: plain past form of a verb
V nai-form: plain negative form of a verb

To the Learners

Ⅰ. Target learners

Basic Japanese for Students: Hakase 1 and *Basic Japanese for Students: Hakase 2* are designed to provide basic and essential Japanese to busy students and scholars who need Japanese but have little time to study. They also give some idea or hints about studying in Japan to the prospective learners.

Ⅱ. Course outline

Hakase 1 and *2* are designed to be used in class with language instructors. The forty-five hours in the Japanese title suggests the approximate time required to finish the two books when a 90-minute class meets twice a week for fifteen weeks in one semester.

Ⅲ. Goal and contents

Hakase 1 and *2* are intended to enable the learners to communicate with Japanese people, thereby allowing them to adjust smoothly to the life in Japan. They provide them with basic structures and grammatical items to promote language proficiency and also some information about Japanese culture, society and the way of life in Japan. A number of situations related to a university campus are given in the exercises and tasks in each book.

Ⅳ. Structure

1. Introduction to the Japanese Language:
An outline of the Japanese language is provided, covering grammar, pronunciation and the writing system.
2. Main Text:
Each lesson consists of the following:
   (1) Objectives: Grammatical items and functions to be studied in the lesson
   (2) Structures: New structures to be introduced in the lesson
   (3) Exercises: Various types of practices to enhance speaking, reading and writing abilities, followed by listening ability
   (4) Vocabulary: New and related vocabulary is listed in each exercise.
   (5) Notes: These provide a brief grammatical explanation and cultural notes.
   (6) Information: This provides information related to the topics of the lesson.
   (7) Review Quiz: A quiz to review grammatical items and vocabulary is found at the end of every fifth lesson.
3. (1) Verb Chart:
   A picture chart of 20 basic verbs is used for conjugation practice.
   (2) Adjective Chart:
   A picture chart of 20 basic adjectives is used for conjugation practice.
   (3) Verb Conjugation Chart:
   All the verbs in the vocabulary and their conjugations are shown in the order they appear in the lessons.

4. Indices:
Here you will find a list of all the vocabulary, excluding proper nouns, appearing in each book. The vocabulary is listed in alphabetical order both in the Japanese-English and English-Japanese Indices.

Ⅴ. Features

Basic Japanese for Students: Hakase 1 and 2 adopt the dual transcript system of kana-kanji writing and romanization, with some English translation included to minimize the time spent on language study and to maximize results. Multiple types of exercises such as pair work, group work, discussions, interviewing, summarizing, stating one's opinions, etc., are given to activate classroom activities. Illustrations and pictures are also provided to enable the learners to understand the situations in which real communication takes place. Conversations on the telephone or visiting Japanese homes include some basic honorific expressions that will be of use. The books include more than 1,300 words. The learners are requested to memorize the vocabulary they need for their individual situations.

Ⅵ. Kanji

From Lesson 1 to Lesson 5, only hiragana and katakana are used. This is to ensure that all the learners can focus on accurate pronunciation. From Lesson 6 to Lesson 30, kanji found in Level 3 of the Japanese Language Proficiency Test is used for all the words and kanji compounds. Words related to the learner's daily and academic life are written in kanji regardless of the kanji levels of the Japanese Language Proficiency Test.

Ex. 飛行機（ひこうき）、電子辞書（でんしじしょ）、講義（こうぎ）、分析（ぶんせき）など。

Some words are written only in hiragana for ease of reading.

Ex. わたし（私）、～のあとで（～の後で）、きのう（昨日）など。

Ⅶ. Abbreviations

N: noun
V: verb
Adj.: adjective
N.S.: noun sentence
V te-form: te-form of a verb
V ta-form: plain past form of a verb
V nai-form: negative form of a verb

学習項目一覧

課	Language Focus	Contents
1	N_1は N_2です。 N_1の N_2	自己紹介・挨拶・電話番号 数字1－10
2	Nは 何／どちら／いくらですか。 N_1も N_2です。	疑問語疑問文・値段・住所 数字11－999
3	これ／それ／あれは Nです。 この N_1は N_2 (person)の (N_3)です。(所有) N_1ですか、N_2ですか。	日用品・食べ物・料理の語彙 数字1000－1億
4	Nを Vます。／Vません。(動詞：現在形) N (place)で Vます。 N_1と N_2	いろいろな行動を述べる。
5	～時～分です。 ～時に Vます。 N_1から N_2まで	時刻・営業時間 一日の行動を述べる。
6	Vました。／Vませんでした。(動詞：過去形) N (place)へ Vます。 N (vehicle)で Vます。 N (person)と Vます。	時の表現：曜日・昨日・今日・明日 交通手段の語彙
7	____月____日に Vます。 Vませんか。(誘い) Vましょう。	時の表現：年月日・週・誕生日 来日・帰国の年月日を聞く・話す。
8	N_1 (place)に N_2が います。／あります。(存在) N_1は N_2 (place)に います。／あります。	町の地図・大学建物内の施設・アパート ユネスコ世界遺産指定建造物
9	N_1の N_2 (position)に N_3がいます。／あります。 N_1は N_2の N_3 (position)に います。／あります。 N_1は N_2の N_3 (position)です。(位置)	位置関係の語彙 大学内部・研究室・大学構内地図
10	N (place)へ N／Vに Vます。(行き来の目的) N_1 (person)に N_2を Vます。(授受)	来日の目的を聞く・話す。 プレゼントの授受

11	N は i-Adj/na-Adj です。（形容詞：現在形・肯定） i-Adj/na-Adj N です。	人や物について述べる。 自分の町・国の紹介
12	N は i-Adj くないです。（形容詞：現在形・否定） N は na-Adj では ありません。 N_1 は i-Adj かったです。／ N_1 は na-Adj/N_2 でした。 （形容詞・名詞文：過去形）	過去のことについて印象を述べる。 旅行について書く・話す。
13	N が ほしいです。 N を V たいです。 N_1 は N_2 が i-Adj/na-Adj です。（～は～が構文）	日本でしたいことについて話す。 パソコン関連語彙
14	N が 好きです。 N が 上手です。 N が わかります。	好きなものについて聞く・話す。 程度の副詞 （よく すこし あまり ぜんぜん）
15	N_1 は N_2 より i-Adj ／ na-Adj です。 N_1 (category)で N_2 が いちばん i-Adj ／ na-Adj です。	世界の都市・物の比較・日本についてのクイズ 賛成・反対の意見を述べる。

Language Focus and Contents

Ln.	Language Focus	Contents
1	N_1 wa N_2 desu. N_1 no N_2	*Introducing oneself, Greetings* *Numbers 1-10* *Telephone numbers*
2	N wa nan/dochira/ikura desu ka. N_1 mo N_2 desu.	*Asking names/nationalities/addresses, etc.* *Daily expressions* *Numbers 11-999* *Asking prices*
3	Kore/Sore/Are wa N desu. Kono N_1 wa N_2 *(person)* no (N_3) desu. N_1 desu ka, N_2 desu ka.	*Words for daily goods/dishes/food* *Numbers 1,000-100,000,000*
4	N o V-masu./V-masen. *(V non-past tense)* N *(place)* de V-masu. N_1 to N_2	*Describing daily activities*
5	__-ji __-fun desu. __-ji ni V-masu. N_1 kara N_2 made	*Telling the time* *Describing a daily schedule* *Business hours*
6	V-mashita./V-masen deshita. *(V past tense)* N *(place)* e V-masu. N *(vehicle)* de V-masu. N *(person)* to V-masu.	*Coming and going* *Mean of transportation* *Days of the week*
7	__-gatsu __-nichi ni V-masu. V-masen ka. *(suggestion)* V-mashō.	*Time expressions: date, month, week, year* *Asking someone's birthday* *Asking about dates*
8	N_1 *(place)* ni N_2 ga imasu/arimasu. *(existence)* N_1 wa N_2 *(place)* ni imasu/arimasu.	*City map* *Facilities in an apartment* *World Heritage Sites in Japan*
9	N_1 no N_2 *(position)* ni N_3 ga imasu/arimasu. N_1 wa N_2 no N_3 *(position)* ni imasu/arimasu. N_1 wa N_2 no N_3 *(position)* desu. *(specifying location)*	*Inside of a university building* *Campus map*
10	N *(place)* e N/V ni V-masu. *(purpose of movement)* N_1 *(person)* ni N_2 o V-masu. *(giving and receiving)*	*Talking about the purpose of coming to Japan* *Giving presents*

11	N wa i-Adj/na-Adj desu. *(Adj. non-past affirmative tense)* i-Adj/na-Adj N desu.	*Describing the attributes of someone/ something* *Introducing one's city or country*
12	N wa i-Adj kunai desu. *(negative)* N wa na-Adj dewa arimasen. *(negative)* N_1 wa i-Adj katta desu/N_1 wa na-Adj/N_2 deshita. *(past tense)*	*Giving one's impressions on past events* *Writing and talking about a trip*
13	N ga hoshii desu. *(desire, wish)* N o V-tai desu. N_1 wa N_2 ga i-Adj/na-Adj desu.	*Talking about what you want to do in Japan* *Terms connected with personal computers*
14	N ga suki desu. *(preference)* N ga jōzu desu. *(skillfulness)* N ga wakarimasu. *(understanding)*	*Interviewing people about personal preferences* *Adverbs of degree*
15	N_1 wa N_2 yori i-Adj/na-Adj desu. *(comparative degree)* N_1 *(category)* de N_2 ga ichiban i-Adj/na-Adj desu. *(superlative degree)*	*Comparing world-famous things* *Quiz about Japan* *Agreeing and disagreeing about topics*

Introduction to the Japanese Language

I. Grammar

1. Parts of Speech

The main components of the Japanese language are verbs, adjectives, nouns, adverbs, conjunctions and particles.

Verbs

Verbs are divided into three groups according to how they conjugate: Group I, Group II and Group III. Group III are irregular verbs, of which there are only two, 'shimasu' *(to do) and* 'kimasu' *(to come).*
Verbs have two tenses: non-past and past.
Verbs have several different forms, some of which are as follows.
(The verbs 'nomimasu' *(to drink) and* 'tabemasu' *(to eat) are used here as examples.)*

- *Masu-from:* nomimasu, tabemasu
- *Te-form:* nonde, tabete
- *Nai-form:* nomanai, tabenai
- *Dictionary form:* nomu, taberu
- *Ta-form:* nonda, tabeta

Adjectives

Adjectives are divided into two types, i-Adjectives and na-Adjectives, depending on the type of inflection. They are so called because i-Adjectives take the i-form and na-Adjectives the na-form when they modify nouns. Adjectives have two tenses, non-past and past, and they inflect.

Particles

A particle between words indicates the grammatical relationship. A particle placed at the end of a sentence indicates it is a question or implies the speaker's feeling or intention.

2. Word Order

Word order is relatively flexible in the Japanese language. A predicate is the primary element of a sentence, normally coming at the end of the sentence.

3. Predicates

There are three types of predicate: noun, verb and adjective. They make noun sentences, verb sentences and adjective sentences respectively. Here are some examples.
Noun sentence: Tomu-san wa gakusei desu. *Tom is a student.*
Verb sentence: Tomu-san wa hon o yomimasu. *Tom reads books.*
Adjective sentence: Tomu-san wa isogashii desu. *Tom is busy.*

4. Ellipsis

Leaving out words and phrases including the subject and object of the sentence occasionally occurs if the sentence can be understood from the context.

II. Pronunciation

1. Sound

There are five vowels: /a/, /i/, /u/, /e/ and /o/. All spoken sounds are vowels alone or vowels preceded by a consonant or by a consonant with the semi-vowel /y/. The exception to this is /N/.

CD 1

2. Japanese Hiragana and Katakana Chart

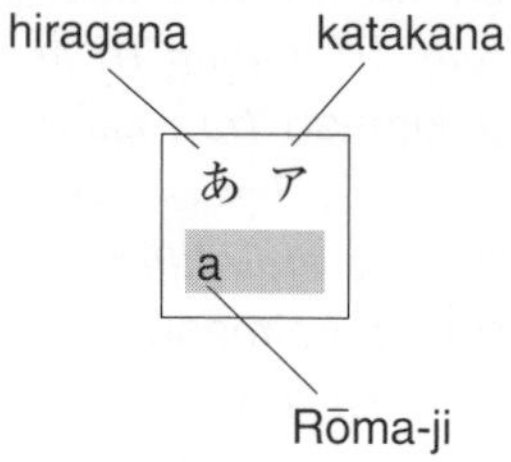

	a	i	u	e	o
	あ ア a	い イ i	う ウ u	え エ e	お オ o
k	か カ ka	き キ ki	く ク ku	け ケ ke	こ コ ko
s	さ サ sa	し シ shi	す ス su	せ セ se	そ ソ so
t	た タ ta	ち チ chi	つ ツ tsu	て テ te	と ト to
n	な ナ na	に ニ ni	ぬ ヌ nu	ね ネ ne	の ノ no
h	は ハ ha	ひ ヒ hi	ふ フ fu	へ ヘ he	ほ ホ ho
m	ま マ ma	み ミ mi	む ム mu	め メ me	も モ mo
y	や ヤ ya	(い イ) (i)	ゆ ユ yu	(え エ) (e)	よ ヨ yo
r	ら ラ ra	り リ ri	る ル ru	れ レ re	ろ ロ ro
w	わ ワ wa	(い イ) (i)	(う ウ) (u)	(え エ) (e)	を ヲ o
	ん ン n				

きゃ キャ kya	きゅ キュ kyu	きょ キョ kyo
しゃ シャ sha	しゅ シュ shu	しょ ショ sho
ちゃ チャ cha	ちゅ チュ chu	ちょ チョ cho
にゃ ニャ nya	にゅ ニュ nyu	にょ ニョ nyo
ひゃ ヒャ hya	ひゅ ヒュ hyu	ひょ ヒョ hyo
みゃ ミャ mya	みゅ ミュ myu	みょ ミョ myo
りゃ リャ rya	りゅ リュ ryu	りょ リョ ryo

が ガ ga	ぎ ギ gi	ぐ グ gu	げ ゲ ge	ご ゴ go
ざ ザ za	じ ジ ji	ず ズ zu	ぜ ゼ ze	ぞ ゾ zo
だ ダ da	ぢ ヂ ji	づ ヅ zu	で デ de	ど ド do
ば バ ba	び ビ bi	ぶ ブ bu	べ ベ be	ぼ ボ bo
ぱ パ pa	ぴ ピ pi	ぷ プ pu	ぺ ペ pe	ぽ ポ po

ぎゃ ギャ gya	ぎゅ ギュ gyu	ぎょ ギョ gyo
じゃ ジャ ja	じゅ ジュ ju	じょ ジョ jo

びゃ ビャ bya	びゅ ビュ byu	びょ ビョ byo
ぴゃ ピャ pya	ぴゅ ピュ pyu	ぴょ ピョ pyo

There are some other katakana letters that are exclusively used to denote foreign words.

	ウィ wi		ウェ we	ウォ wo
			シェ she	
			チェ che	
ツァ tsa			ツェ tse	ツォ tso
	ティ ti	トゥ tu		
ファ fa	フィ fi		フェ fe	フォ fo
			ジェ je	
	ディ di	ドゥ du		
		デュ dyu		

3. Accent

The Japanese language has pitch accent, high and low, whereas English has stress accent, strong or weak.

4. Intonation

The Japanese language has three types of intonation: flat, rising and falling. A rising intonation is used in question sentences while a flat intonation is used in most other sentences. A falling intonation implies feelings depending on the sentence and the context.

5. Devoicing of Vowels

The vowels /i/ and /u/ are devoiced when they are placed between voiceless consonants. The vowel /u/ in '～ desu*' and '*～ masu*' is also devoiced.*

Ex. gakusei desu shitsurei-shimasu *(The underlined vowels are devoiced.)*

III. Writing system

Sentences in Japanese are written in a combination of three types of script: hiragana, katakana and kanji. Hiragana and katakana represent sounds while kanji, or Chinese characters, represents sounds and meanings.

Hiragana is used to write particles, inflectable parts of words, etc.
Katakana is mainly used to write foreign names, loan words, etc.
Kanji is used to write nouns, the main parts of verbs, adjectives, adverbs, etc.
In addition to these three scripts, Rōma-ji, or Roman characters, is used for the convenience of foreigners. The names of stations are sometimes written in Rōma-ji along with kanji and hiragana.

The following is an example of a sentence written in the three types of script.

トム	さんは	大学	で	インターネット	を	使	っています。
katakana	hiragana	kanji	hiragana	katakana	hiragana	kanji	hiragana

Tomu-san wa daigaku de intānetto o tsukatte imasu.
Tom is using the Internet at university.

『はかせ２』の内容

Contents of Hakase 2

Lesson 16

暑(あつ)いですから、まどを 開(あ)けましょう。
Atsui desu kara, mado o akemashō.
LET'S OPEN THE WINDOW BECAUSE IT IS HOT.

Lesson 17

ちょっと 待(ま)って ください。
Chotto matte kudasai.
PLEASE WAIT A MOMENT.

Lesson 18

研究室(けんきゅうしつ)へ 行(い)って、メールを チェックします。
Kenkyū-shitsu e itte, mēru o chekku-shimasu.
I GO TO THE STUDY ROOM AND CHECK MY E-MAIL.

Lesson 19

わたしは 今(いま) レポートを 書(か)いて います。
Watashi wa ima repōto o kaite imasu.
I AM WRITING A REPORT NOW.

Lesson 20

この パソコンを 使(つか)っても いいですか。
Kono pasokon o tsukatte mo ii desu ka.
MAY I USE THIS PERSONAL COMPUTER?

Lesson 21

おさないで ください。
Osanaide kudasai.
PLEASE DON'T PUSH.

Lesson 22

日本語(にほんご)で 発表(はっぴょう)した ことが ありますか。
Nihon-go de happyō-shita koto ga arimasu ka.
HAVE YOU EVER MADE A PRESENTATION IN JAPANESE?

Lesson 23

少(すこ)し 休(やす)んだ ほうが いいですよ。
Sukoshi yasunda hō ga ii desu yo.
YOU'D BETTER TAKE A LITTLE REST.

Lesson 24

9時から 12時まで 実験する。
Ku-ji kara jū-ni-ji made jikken-suru.
DOING EXPERIMENTS FROM 9:00 TO 12:00.

Lesson 25

インターネットで じょうほうの けんさくが できます。
Intānetto de jōhō no kensaku ga dekimasu.
YOU CAN SEARCH FOR INFORMATION ON THE INTERNET.

Lesson 26

日本は 安全な 国だと 思います。
Nihon wa anzenna kuni da to omoimasu.
I THINK JAPAN IS A SAFE COUNTRY.

Lesson 27

発表の 時、きんちょうしました。
Happyō no toki, kinchō-shimashita.
I GOT NERVOUS WHEN I MADE A PRESENTATION.

Lesson 28

わからなかったら、田中さんに 聞きます。
Wakaranakattara, Tanaka-san ni kikimasu.
I'LL ASK MR. TANAKA IF I DON'T UNDERSTAND.

Lesson 29

プリンタの ちょうしが おかしいんです。
Purinta no chōshi ga okashii'n desu.
THERE IS SOMETHING WRONG WITH THE PRINTER.

Lesson 30

おかげさまで、日本語が 上手に なりました。
Okagesama de, Nihon-go ga jōzu ni narimashita.
THANKS TO YOU, MY JAPANESE HAS IMPROVED.

『はかせ２』の学習項目一覧

課	Language Focus	Contents
16	Sから、～。(理由) Nが (助数詞)あります。	電話での会話（敬語表現を含む） 助数詞（ひとつ 枚 本 冊 杯）
17	Vて ください。(動詞：て形)	地図で道を聞く。 日本人の家を訪問する。
18	V_1て、V_2て、V_3ます。(手順) N_1(place)から N_2(place)まで (time)かかります。	一日の行動を順番に述べる。 時の表現：分・時間・週間・～か月・年
19	Vて います。(動作の進行・習慣・状態)	親族名称・職業名称・助数詞（～歳、～人） 家族を紹介する。
20	Vても いいです。(許可) Vては いけません。(禁止)	標識の意味・読み方 病院での会話・アパート関連語彙
21	Vないで ください。(動詞：ない形)	旅館・キャンプ・電車でのマナー
22	Vた ことが あります。(動詞：た形)	日本事情関連語彙
23	V_1たり、V_2たり します。 Vた／Vない ほうが いいです。	来日する学生への先輩からのアドバイス 旅行について書く・話す。
24	V dictionary form（動詞：辞書形）	予定を項目別にする・履歴を述べる。
25	Nが できます。(可能表現) Vことが できます。	面接（アルバイト）を受ける。 趣味を述べる。
26	i-Adj ／ na-Adj ／ N ／ V と 思います。 (動詞・形容詞：普通形) i-Adj ／ na-Adj ／ N ／ V と 言いました。	日本についての意見を聞く・話す。 普通体での会話
27	i-Adj ／ na-Adj ／ N ／ V　時、～。 Nは ＿＿と 読みます。 Nは ＿＿と 言います。(引用)	佐渡への旅行 標識の読み方 外国語での表現
28	Vたら、～。(条件) Vても、～。	緊急時の対応（地震・火事・事故など）
29	～んです。	病気の表現・体の部位語彙 山手線の路線地図
30	i-Adj ／ na-Adj ／ N なります。(変化)	来日してからの一年を振り返る。 お礼状を書く。

Language Focus and Contents of Hakase 2

Ln.	Language Focus	Contents
16	S kara, ~. *(reason)* N ga *(counter suffix)* arimasu.	*Telephone conversation with honorific expressions*
17	V te-form kudasai. *(order/request)*	*Asking the way* *Expressions suitable for a home visit*
18	V_1 te-form, V_2 te-form, V_3-masu. *(sequence/procedure)* N_1 *(place)* kara N_2 *(place)* made *(time)* kakarimasu.	*Describing one's daily life* *Time duration: minutes, hours, days, weeks, months, years*
19	V te-form imasu. *(progressive/habitual/repetitive actions, continuing states)*	*Words for family members/occupations* *Introducing one's family*
20	V te-form mo ii desu. *(permission)* V te-form wa ikemasen. *(prohibition)*	*Signs in public places* *Conversation at a clinic* *Renting an apartment*
21	V nai-form de kudasai. *(negative requests)*	*Manners at a campsite/in a Japanese inn/on the train*
22	V ta-form koto ga arimasu. *(past experience)*	*Words connected with Japanese traditions and culture*
23	V_1 ta-form ri, V_2 ta-form ri shimasu. *(listing actions)* V ta-form/nai-form hō ga ii desu. *(advice)*	*Advice to students coming to Japan* *Writing a journal of a trip*
24	V dictionary form	*Itemizing a schedule* *Writing a personal history*
25	N ga dekimasu. *(ability/possibility)* V dictionary-form koto ga dekimasu.	*Interview for a part-time job* *Hobbies*
26	i-Adj/na-Adj/N/V to omoimasu. *(opinions)* i-Adj/na-Adj/N/V to iimashita. *(quotations)*	*Talking about Japan* *Casual conversation*
27	i-Adj/na-Adj/N/V toki, ~. *(when)* N wa ~ to yomimasu. N wa ~ to iimasu.	*Trip to Sado Island* *Reading signs on the street* *Expressions in other languages*
28	V ta-form ra, ~. *(conditions)* V te-form mo, ~. *(reverse conditions)*	*Dealing with an emergency: earthquake, fire, accident, etc.*
29	i-Adj/na-Adj/V/N'n desu. *(confirmation/explanation/information)*	*Terms for illness/body parts* *Train route map of central Tokyo*
30	i-Adj/na-Adj/N narimasu. *(change of state)*	*Looking back over the first year in Japan* *Writing a thank you letter*

1

はじめまして。わたしは ヘレンです。

Hajimemashite. Watashi wa Heren desu.

HOW DO YOU DO? I AM HELEN.

Objectives

1. *Introducing yourself: your name, academic status, major and hobbies*
2. *Exchanging greetings*
3. *Counting numbers from 1 to 10*
4. *Giving telephone numbers*

Structures

1. わたしは ヘレン スミスです。
2. わたしは がくせいです。
3. わたしの でんわばんごうは 01-2345-6789です。
4. わたしの せんもんは かがくです。

1. Watashi wa Heren Sumisu desu.
2. Watashi wa gakusei desu.
3. Watashi no denwa-bangō wa zero-ichi no ni-san-yon-go no roku-nana-hachi-kyū desu.
4. Watashi no senmon wa kagaku desu.

1. *I am Helen Smith.*
2. *I am a student.*
3. *My telephone number is 01-2345-6789.*
4. *My major is chemistry.*

CD 2

Greetings

1. おはよう ございます。
Ohayō gozaimasu.
Good morning.

2. こんにちは。
Konnichiwa.
Good afternoon.

3. こんばんは。
Konbanwa
Good evening.

4. さようなら。
Sayōnara.
Good-bye.

5. おやすみなさい。
Oyasuminasai.
Good night.

6. A：ありがとう ございます。
B：どう いたしまして。
A: Arigatō gozaimasu.
B: Dō itashimashite.
A: Thank you.
B: You're welcome.

CD 3

1. Give your name and nationality to the class as in the example.

はじめまして。
わたしは ________________ です。
________________ じんです。
どうぞ よろしく おねがいします。

Hajimemashite.
Watashi wa ________________ desu.
________________-jin desu.
Dōzo yoroshiku onegai-shimasu.

How do you do?
I am Kim.
I am Korean.
Nice to meet you.

はじめまして。
わたしは キムです。かんこくじんです。
どうぞ よろしく おねがいします。
Hajimemashite.
Watashi wa Kimu desu.
Kankoku-jin desu.
Dōzo yoroshiku onegai-shimasu.

Vocabulary

はじめまして。 Hajimemashite. *How do you do?* わたし watashi *I*

〜じん -jin *suffix meaning "a national of"*

どうぞ よろしく おねがいします。 Dōzo yoroshiku onegai-shimasu.

Nice to meet you.

Notes

1. 'N_1は N_2です。 **N_1 wa N_2 desu.**' *is almost the same as "N_1 is N_2." More precisely, it has a wider meaning than "N_1 is N_2." N_1 can be omitted when it is obvious or does not need to be expressed.*
2. は **wa:** *a particle to indicate the topic of a sentence (cf. L. 4, L. 14).*
3. 'です **desu**' *indicates the end of a statement. It is placed at the end of a noun sentence or an adjective sentence.*
4. *Nationality can be expressed by adding* 'じん **-jin**' *to the name of the country.*

Nationality

アメリカじん	Amerika-jin *an American*	イギリスじん	Igirisu-jin *an Englishman/Englishwoman*
イタリアじん	Itaria-jin *an Italian*	イランじん	Iran-jin *an Iranian*
インドじん	Indo-jin *an Indian*	インドネシアじん	Indoneshia-jin *an Indonesian*
エジプトじん	Ejiputo-jin *an Egyptian*	オーストラリアじん	Ōsutoraria-jin *an Australian*
カナダじん	Kanada-jin *a Canadian*	かんこくじん	Kankoku-jin *a Korean*
タイじん	Tai-jin *a Thai*	ちゅうごくじん	Chūgoku-jin *a Chinese*
ドイツじん	Doitsu-jin *a German*	にほんじん	Nihon-jin *a Japanese*
フランスじん	Furansu-jin *a Frenchman/Frenchwoman*	フィリピンじん	Firipin-jin *a Filipino*
ベトナムじん	Betonamu-jin *a Vietnamese*	ロシアじん	Roshia-jin *a Russian*

CD 4

2. *Work with a partner and introduce yourselves as in the example.*

Ex. マイク：はじめまして。
マイク ジョンソンです。
わたしは ＮＮＴけんきゅうじょの システムエンジニアです。
どうぞ よろしく おねがいします。

ヘレン：はじめまして。
ヘレン スミスです。
わたしは ＡＢＣだいがくの だいがくいんせいです。
こちらこそ どうぞ よろしく おねがいします。

Maiku: Hajimemashite.
Maiku Jonson desu.
Watashi wa Enu-enu-tii Kenkyū-jo no shisutemu-enjinia desu.
Dōzo yoroshiku onegai-shimasu.

Heren: Hajimemashite.
Heren Sumisu desu.
Watashi wa Ē-bii-shii Daigaku no daigakuinsei desu.
Kochirakoso dōzo yoroshiku onegai-shimasu.

Mike: *How do you do?*
I am Mike Johnson.
I am a systems engineer at the NNT Research Institute.
Nice to meet you.

Helen: *How do you do?*
I am Helen Smith.
I am a graduate student at ABC University.
Nice to meet you, too.

NNT 研究所
製品開発部

システムエンジニア
マイク　ジョンソン

Tel (03) 2731-8045
Fax (03) 2731-8046
E-mail johnson@nnt.co.jp

NNT Research Institute
Department of Product Development

Systems Engineer
Mike Johnson

Tel (03) 2731-8045
Fax (03) 2731-8046
E-mail johnson@nnt.co.jp

Vocabulary

けんきゅうじょ kenkyū-jo *research institute*

システムエンジニア shisutemu-enjinia *systems engineer*

だいがく daigaku *university*

だいがくいんせい daigakuinsei *graduate student*

こちらこそ どうぞ よろしく おねがいします。

Kochirakoso dōzo yoroshiku onegai-shimasu.

I'm pleased to meet you. (response to 'Dōzo yoroshiku onegai-shimasu.'*)*

Notes

の **no:** *a particle to connect two nouns. The former modifies the latter.*

Academic Positions

がくせい gakusei *student*

きょうし kyōshi *teacher, instructor (used to refer to one's profession)*

だいがくせい daigakusei *university student*

しゅうし shūshi *master's (course)*

いちねん ichi-nen *first year*

さんねん san-nen *third year*

けんきゅういん kenkyūin *researcher*

こうし kōshi *lecturer*

きょうじゅ kyōju *professor*

せんせい sensei *teacher, instructor*

りゅうがくせい ryūgakusei *overseas student*

だいがくいんせい daigakuinsei *graduate student*

はかせ／はくし hakase/hakushi *Ph.D. (course)*

にねん ni-nen *second year*

けんきゅうせい kenkyūsei *research student*

じょしゅ joshu *assistant*

じょきょうじゅ jokyōju *associate professor*

Academic Majors

いがく igaku *medicine*

けいざいがく keizaigaku *economics*

こうがく kōgaku *engineering*

すうがく sūgaku *mathematics*

ぶつり butsuri *physics*

ほうがく hōgaku *law*

かがく kagaku *chemistry*

けんちく kenchiku *architecture*

じょうほうこうがく jōhō-kōgaku *computer science*

でんしこうがく denshi-kōgaku *electronic engineering*

ぶんがく bungaku *literature*

CD 5

3. *Introduce yourself to the class.*

はじめまして。わたしは ______________です。

Hajimemashite. Watashi wa (***name***) desu.

______________じんです。

(***nationality***) -jin desu.

わたしは ______________です。

Watashi wa (***academic position***) desu.

せんもんは ______________です。

Senmon wa (***name of major***) desu.

しゅみは ______________です。

Shumi wa (***hobby***) desu.

どうぞ よろしく おねがいします。

Dōzo yoroshiku onegai-shimasu.

Vocabulary

せんもん senmon *major* しゅみ shumi *hobby*

Hobbies

えいが	eiga	*movies*	おんがく	ongaku	*music*
サイクリング	saikuringu	*cycling*	しゃしん	shashin	*photography*
すいえい	suiei	*swimming*	テニス	tenisu	*tennis*
どくしょ	dokusho	*reading*	ピアノ	piano	*piano*
ピンポン	pinpon	*ping-pong*	やまのぼり	yamanobori	*mountain climbing*
りょうり	ryōri	*cooking*	りょこう	ryokō	*travelling*

CD 6

4. Practice numbers from 1 to 10.

0（ゼロ／れい）	1（いち）	2（に）	3（さん）	4（よん／し）	5（ご）
zero/rei	ichi	ni	san	yon/shi	go
	一	二	三	四	五
6（ろく）	7（なな／しち）	8（はち）	9（きゅう／く）	10（じゅう）	
roku	nana/shichi	hachi	kyū/ku	jū	
六	七	八	九	十	

CD 7

5. Work in pairs and give your telephone number(s) to your partner.

わたしの でんわばんごうは ＿＿＿＿＿＿＿＿です。
りょうの でんわばんごうは ＿＿＿＿＿＿＿＿です。
わたしの けいたいの ばんごうは ＿＿＿＿＿＿＿＿です。
けんきゅうしつの ないせんは ＿＿＿＿＿＿＿＿です。

Watashi no denwa-bangō wa ＿＿＿＿＿＿＿＿desu.
Ryō no denwa-bangō wa ＿＿＿＿＿＿＿＿desu.
Watashi no keitai no bangō wa ＿＿＿＿＿＿＿＿desu.
Kenkyū-shitsu no naisen wa ＿＿＿＿＿＿＿＿desu.

Vocabulary

でんわ denwa *telephone*　ばんごう bangō *number*
りょう ryō *dormitory*　けいたい keitai *mobile phone*
けんきゅうしつ kenkyū-shitsu *study room*　ないせん naisen *extension*

Notes

1. *In a telephone number, 4 is pronounced* 'yon,' *7 is pronounced* 'nana' *and 9 is pronounced* 'kyū.'
2. *In saying a telephone number,* 'の no' *is placed after the city and area code.*

2

おくには どちらですか。

O-kuni wa dochira desu ka.

WHERE ARE YOU FROM?

Objectives

1. *Asking about names, nationalities, majors, occupations, etc.*
2. *Learning useful expressions*
3. *Counting numbers from 11 to 999*
4. *Giving your home address*
5. *Asking about prices*

Structures

1. おなまえは なんですか。
   クマールです。
2. おくには どちらですか。
   インドです。
3. せんもんは なんですか。
   すうがくです。
4. わたしも がくせいです。
5. コーヒーは いくらですか。
   300えんです。

1. O-namae wa nan desu ka.
   Kumāru desu.
2. O-kuni wa dochira desu ka.
   Indo desu.
3. Senmon wa nan desu ka.
   Sūgaku desu.
4. Watashi mo gakusei desu.
5. Kōhii wa ikura desu ka.
   San-byaku-en desu.

1. *What is your name?*
   My name is Kumar.
2. *Where are you from?*
   I'm from India.
3. *What's your major?*
   My major is mathematics.
4. *I am a student, too.*
5. *How much is coffee?*
   It's 300 yen.

CD 8

Useful Expressions

1. Ａ：おげんきですか。
Ｂ：はい。おかげさまで げんきです。
A: O-genki desu ka.
B: Hai. Okagesamade genki desu.

1. *A: How are you?*
B: Fine, thank you.

2. すみません。
Sumimasen.

2. *I'm sorry.*

3. Ａ：おさきに しつれいします。
Ｂ：さようなら。また あした。
A: O-saki ni shitsurei-shimasu.
B: Sayōnara. Mata ashita.

3. *A: Good-bye. (Lit. I'm leaving before you.)*
B: Good-bye. See you tomorrow.

4. いただきます。
Itadakimasu.

4. *I'm going to eat.*
(used before eating or drinking)

5. ごちそうさまでした。
Gochisōsama deshita.

5. *It was a nice meal.*
(used after eating or drinking)

6. もう いちど おねがいします。
Mō ichido onegai-shimasu.

6. *Could you say it again?*

CD 9

1. *Practice the following conversation.*

きむら：はじめまして。おなまえは なんですか。

ヘレン：ヘレンです。

きむら：わたしは きむらです。

　　　　おくには どちらですか。

ヘレン：カナダです。

きむら：ヘレンさんは だいがくいんせいですか。

ヘレン：はい。そうです。

きむら：せんもんは なんですか。

ヘレン：かがくです。きむらさんは？

きむら：わたしの せんもんも かがくです。どうぞ よろしく おねがいします。

ヘレン：こちらこそ どうぞ よろしく おねがいします。

Kimura: Hajimemashite. O-namae wa nan desu ka.
Heren: Heren desu.
Kimura: Watashi wa Kimura desu.
O-kuni wa dochira desu ka.
Heren: Kanada desu.
Kimura: Heren-san wa daigakuinsei desu ka.
Heren: Hai. Sō desu.
Kimura: Senmon wa nan desu ka.
Heren: Kagaku desu. Kimura-san wa?
Kimura: Watashi no senmon mo kagaku desu. Dōzo yoroshiku onegai-shimasu.
Heren: Kochira koso dōzo yoroshiku onegai-shimasu.

Kimura: How do you do? What is your name?
Helen: My name is Helen.
Kimura: I am Kimura. Where are you from?
Helen: I'm from Canada.
Kimura: Are you a graduate student, Helen?
Helen: Yes, I am.
Kimura: What is your major?
Helen: Chemistry. How about you, Mr. Kimura?
Kimura: My major is also chemistry. Nice to meet you.
Helen: Nice to meet you, too.

Vocabulary

(お)なまえ　(o-)namae　*name*　　なん　nan　*what*
〜さん　〜san　*Mr., Mrs., Miss*　　(お)くに　(o-)kuni　*nation, country*
どちら　dochira　*where*　　はい　hai　*yes*
そうです。　Sō desu.　*That's right.*　　カナダ　Kanada　*Canada*

Notes

1. **どちら dochira** *and* **どこ doko:** *These are interrogatives to ask where something is, and mean "where."* 'Dochira' *is the polite equivalent of* 'doko.' *They are also used to ask for the name of one's country, company, school, etc.*
2. **お o:** *a prefix to show politeness. Ex.* 'o-kuni' *(your/someone's country),* 'o-namae' *(your/someone's name),* 'ocha' *(green tea) (cf.* ご go *L. 16).*
3. **か ka:** *a sentence-final particle to indicate a question.*
4. **も mo:** *a particle whose meaning is "too" or "also."*
5. **'あなた anata'** *is "you" in Japanese. However, it is natural and sounds polite to address a person as* '〜-san' *instead of* 'anata.' *In the event that the person's name is unknown, the word* 'anata' *should hopefully be omitted from the sentence unless the meaning of the sentence is vague or ambiguous.*

CD 10

2. *Interview your classmates.*

	Questions	Student 1	Student 2	Student 3
Name	おなまえは なんですか。 O-namae wa nan desu ka.			
Nationality	おくには どちらですか。 O-kuni wa dochira desu ka.			
Major	せんもんは なんですか。 Senmon wa nan desu ka.			
Hobby	しゅみは なんですか。 Shumi wa nan desu ka.			

CD 11

3. *Practice numbers from 11 to 999.*

11	じゅういち	jū-ichi
12	じゅうに	jū-ni
13	じゅうさん	jū-san
14	じゅうよん	jū-yon
	じゅうし	jū-shi
15	じゅうご	jū-go
16	じゅうろく	jū-roku
17	じゅうなな	jū-nana
	じゅうしち	jū-shichi
18	じゅうはち	jū-hachi
19	じゅうきゅう	jū-kyū
	じゅうく	jū-ku
20	にじゅう	ni-jū
30	さんじゅう	san-jū
40	よんじゅう	yon-jū
50	ごじゅう	go-jū
60	ろくじゅう	roku-jū
70	ななじゅう	nana-jū
	しちじゅう	shichi-jū
80	はちじゅう	hachi-jū
90	きゅうじゅう	kyū-jū
100	ひゃく	hyaku
200	にひゃく	ni-hyaku
300	さんびゃく	san-byaku
400	よんひゃく	yon-hyaku
500	ごひゃく	go-hyaku
600	ろっぴゃく	rop-pyaku
700	ななひゃく	nana-hyaku
800	はっぴゃく	hap-pyaku
900	きゅうひゃく	kyū-hyaku
999	きゅうひゃく きゅうじゅう きゅう	kyū-hyaku kyū-jū kyū
	きゅうひゃく きゅうじゅう く	kyū-hyaku kyū-jū ku

CD 12

4. *Talk about the present rate of the US dollar, the Euro and the yen in class. Then talk about your currencies.*

1ドルは ________ えんです。

Ichi-doru wa ________-en desu.

One US dollar is ____yen.

1ユーロは ________ えんです。

Ichi-yūro wa ________-en desu.

One Euro is ________yen.

1 ______ は ________ えんです。

Ichi ______wa ________-en desu.

One ______is ________yen.

> ***Vocabulary***
>
> ドル doru *US dollar*　えん en *yen*　ユーロ yūro *Euro*

CD 13

5. *Work with a partner and ask about the prices of the following items.*

Ex. A：ボールペンは いくらですか。　　A: Bōrupen wa ikura desu ka.

B：100えんです。　　B: Hyaku-en desu.

A: How much is a ballpoint pen?
B: It is 100 yen.

> ***Vocabulary***
>
> ボールペン bōrupen *ballpoint pen*　いくら ikura *how much*
> ノート nōto *notebook*　ファイル fairu *file*
> チョコレート chokorēto *chocolate*　タバコ tabako *tobacco, cigarette(s)*

CD 14

6. *Guess how much the following items are in Japan.*

Ex. ガムは ＿＿＿＿＿えんです。

Gamu wa ＿＿＿＿-en desu.

Chewing gum is ＿＿＿＿＿*yen.*

Vocabulary

ガム　gamu　*chewing gum*

ぎゅうにゅう　gyūnyū　*milk*　　コーヒー　kōhii　*coffee*

バナナ　banana　*banana*　　ビール　biiru　*beer*

コーラ　kōra　*cola*　　ハンバーガー　hanbāgā　*hamburger*

CD 15

7. *Here is an application form for a university library pass. Write your name, address and telephone number in the blanks.*

Ex.

図書館利用証（としょかんりようしょう）　申（もう）し込（こ）み用紙（ようし）

名前（なまえ）　ヘレン スミス

住所（じゅうしょ）　東京都文京区南町 1 - 3 - 5

電話番号（でんわばんごう）　(03) 4567-8901

図書館利用証（としょかんりようしょう）　申（もう）し込（こ）み用紙（ようし）　Application Form

名前（なまえ）　＿＿＿＿＿＿＿＿＿＿
Name

住所（じゅうしょ）　＿＿＿＿＿＿＿＿＿＿
Address

電話番号（でんわばんごう）　＿＿＿＿＿＿＿＿＿＿
Telephone number

Vocabulary

じゅうしょ　jūsho　*address*

Notes

In giving an address in Japan, the larger category, like prefecture, comes first, followed by the smaller divisions in sequence, like city, ward, town, etc. The smallest division, like the house number or the room number, comes last. This is also applied when giving a name, the time, or a year and date.

3

それは　なんですか。

Sore wa nan desu ka.

WHAT IS THAT?

Objectives

1. *Asking about the names of people and things*
2. *Expressing possession*
3. *Counting numbers from 1,000 to 100,000,000*

Structures

1. それは　なんですか。
   これは　ていきけんです。
2. あれは　なんですか。
   あれは　けんきゅうじょです。
3. これは　だれの　かばんですか。
   チャンさんの　かばんです。
   チャンさんのです。
4. ジョンソンさんは　がくせいですか、けんきゅういんですか。
   わたしは　けんきゅういんです。がくせいでは　ありません。

1. Sore wa nan desu ka.
   Kore wa teikiken desu.
2. Are wa nan desu ka.
   Are wa kenkyū-jo desu.
3. Kore wa dare no kaban desu ka.
   Chan-san no kaban desu.
   Chan-san no desu.
4. Jonson-san wa gakusei desu ka, kenkyūin desu ka.
   Watashi wa kenkyūin desu. Gakusei dewa arimasen.

1. *What is that? This is a commuter pass.*
2. *What is that? It is a research institute.*
3. *Whose bag is this? It is Ms. Chang's bag. It is Ms. Chang's.*
4. *Are you a student or a researcher, Mr. Johnson?*
   I am a researcher. I am not a student.

CD 16

1. *Work with a partner and identify the things below.*

Ex. これは ＿＿＿＿＿＿＿＿です。

Kore wa ＿＿＿＿＿＿＿desu.

This is ＿＿＿＿＿＿＿＿.

Vocabulary

これ kore *this*　ほん hon *book*　ざっし zasshi *magazine*

しんぶん shinbun *newspaper*　ペン pen *pen*　じしょ jisho *dictionary*

とけい tokei *watch, clock*　かばん kaban *bag*

Notes

1. *The following is the system to indicate things.* **'これ／それ／あれ kore/sore/are'** *are pronouns and* **'この／その／あの kono/sono/ano'** *are demonstrative adjectives.*

これ kore	この N kono N	*this*	*near the speaker*
それ sore	その N sono N	*that*	*near the listener*
あれ are	あの N ano N		*distant from both*

2. **'これは Nです。Kore wa N desu.'** *means "This is N."*

CD 17

2. *Work in pairs. Show your belongings on the desk or in your bag to each other and ask what they are.*

Ex. マリア：それは なんですか。

すずき：これは <u>ていきけん</u>です。

Maria: Sore wa nan desu ka.
Suzuki: Kore wa <u>teikiken</u> desu.

Maria: What is that?
Suzuki: This is a commuter pass.

Vocabulary

それ sore *that* ていきけん teikiken *commuter pass*
さいふ saifu *purse* てちょう techō *pocket diary*
ちず chizu *map* かぎ kagi *key*
かさ kasa *umbrella* でんしじしょ denshi-jisho *electronic dictionary*
テレホンカード terehon-kādo *telephone card*

Notes

'それは なんですか。**Sore wa nan desu ka.**' *means "What is that?"*

CD 18

3. *Look at the view of the earth from the spaceship and ask your partner what the things you can see are.*

A：あれは なんですか。

B：あれは <u>ピラミッド</u>です。

A: Are wa nan desu ka.
B: Are wa <u>piramiddo</u> desu.

A: What is that?
B: That is a pyramid.

Vocabulary

あれ are *that* ピラミッド piramiddo *pyramid*
富士山（ふじさん） Fuji-san *Mt. Fuji* 万里の長城（ばんりのちょうじょう） Banri no Chōjō *the Great Wall*
タージマハール Tāji Mahāru *the Taj Mahal*
サハラ砂漠（さばく） Sahara Sabaku *the Sahara Desert*
エベレスト Eberesuto *Everest* アルプス Arupusu *the Alps*

Notes

‘あれは なんですか。 **Are wa nan desu ka.**’ *means “What is that (over there)?”*

CD 19

4. *Practice the following conversation and ask your partner about the food.*

Ex. モハメド：それは なんですか。
たかはし：これは からあげです。
モハメド：それは ぶたにくですか。
たかはし：いいえ、ぶたにくでは ありません。
とりにくです。

Mohamedo: Sore wa nan desu ka.
Takahashi: Kore wa kara’age desu.
Mohamedo: Sore wa butaniku desu ka.
Takahashi: Iie, butaniku dewa arimasen. Toriniku desu.

Mohamed: What is that?
Takahashi: This is kara’age.
Mohamed: Is it pork?
Takahashi: No, it isn’t pork. It’s chicken.

Ex. からあげ，とりにく	Ex. kara’age，toriniku
1. ぎゅうどん，ぎゅうにく	1. gyūdon，gyūniku
2. フライ，さかな	2. furai，sakana
3. てんぷら，やさい	3. tenpura，yasai
4. すきやき，ぎゅうにく	4. sukiyaki，gyūniku

Vocabulary

からあげ kara’age *fried chicken*
ぶたにく butaniku *pork*
いいえ iie *no*
とりにく toriniku *chicken*
ぎゅうどん gyūdon *cooked beef on rice*
ぎゅうにく gyūniku *beef*
フライ furai *deep fried food* さかな sakana *fish*
てんぷら tenpura *vegetables and/or fish fried in batter*
やさい yasai *vegetable*
すきやき sukiyaki *beef and vegetables cooked in an iron pot*

Notes

'〜では ありません。 〜 **dewa arimasen.**' *is the negative form of* 'desu.' *In daily conversation,* '〜 ja arimasen' *is often used.*

Dishes

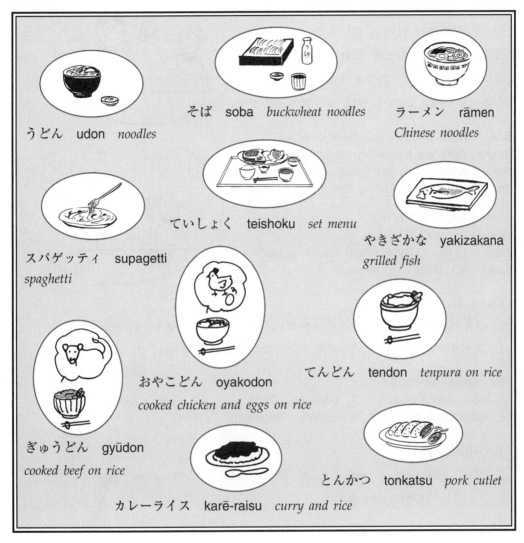

うどん udon *noodles*

そば soba *buckwheat noodles*

ラーメン rāmen *Chinese noodles*

ていしょく teishoku *set menu*

スパゲッティ supagetti *spaghetti*

やきざかな yakizakana *grilled fish*

おやこどん oyakodon *cooked chicken and eggs on rice*

てんどん tendon *tenpura on rice*

ぎゅうどん gyūdon *cooked beef on rice*

とんかつ tonkatsu *pork cutlet*

カレーライス karē-raisu *curry and rice*

Food

パン pan *bread*
にく niku *meat*
キャベツ kyabetsu *cabbage*
じゃがいも jagaimo *potato*
りんご ringo *apple*
ぶどう budō *grape*
たまご tamago *egg*
トマト tomato *tomato*
きゅうり kyūri *cucumber*
くだもの kudamono *fruit*
みかん mikan *mandarin orange*

CD 20

5. ***Milan's study room has just moved into a new building. Unpacked boxes are full of items. Ask who the items belong to, referring to the following conversation.***

Ex.

ミラン：これは だれの CDですか。

たなか：それは わたしの CDです。

ミラン：この CDも たなかさんのですか。

たなか：いいえ、この CDは マリアさんのです。

Miran: Kore wa dare no shiidii desu ka.
Tanaka: Sore wa watashi no shiidii desu.
Miran: Kono shiidii mo Tanaka-san no desu ka.
Tanaka: Iie, kono shiidii wa Maria-san no desu.

Milan: Whose CD is this?
Tanaka: It's my CD.
Milan: Is this CD yours (Mr. Tanaka's), too?
Tanaka: No, this CD is Maria's.

Ex. CD，マリア

1. ほん，モハメド　2. ボールペン，チャン　3. ノート，キム

4. ファイル，すずき　5. プリント，たかはし

Ex. shiidii, Maria

1. hon, Mohamedo　2. bōrupen, Chan　3. nōto, Kimu

4. fairu, Suzuki　5. purinto, Takahashi

Vocabulary

だれの dare no *whose*　CD shiidii *CD*　この kono *this*

プリント purinto *handout*

Notes

1. '**だれの dare no**' *means "whose."* 'Kore wa dare no N desu ka' *means "Whose N is this?"*
2. **の no:** *a particle to indicate possession.* 'Maria-san no hon' *means "Maria's book." The following noun is often omitted when the meaning is clear.*

CD 21

6. *Work with a partner and ask each other questions as in the example.*

Ex.　A：これは ぶたにくですか、ぎゅうにくですか。

　　　B：ぶたにくです。

A: Kore wa butaniku desu ka, gyūniku desu ka.
B: Butaniku desu.

A: Is this pork or beef?
B: It is pork.

Ex.　ぶたにく，ぎゅうにく

1. テレビ，ビデオ
2. こうちゃ，おちゃ
3. 0（ゼロ），O（オー）
4. たなかさんの，マリアさんの
5. ＿＿＿＿＿，＿＿＿＿＿

Ex.　butaniku, gyūniku

1. terebi, bideo
2. kōcha, ocha
3. 0 (zero), O (ō)
4. Tanaka-san no, Maria-san no
5. ＿＿＿＿＿，＿＿＿＿＿

Vocabulary

テレビ　terebi　*TV*　　ビデオ　bideo　*video*　　こうちゃ　kōcha　*black tea*
おちゃ　ocha　*green tea*　　オー　ō　*o (alphabet)*

Notes

'これは N_1ですか、N_2ですか。 **Kore wa N_1 desu ka, N_2 desu ka.**' *means* "*Is this N_1 or N_2?*"

CD 22

7. *Practice numbers from 1,000 to 100,000,000.*

1,000	せん	sen	**2,000**	にせん	ni-sen
3,000	さんぜん	san-zen	**4,000**	よんせん	yon-sen
5,000	ごせん	go-sen	**6,000**	ろくせん	roku-sen
7,000	ななせん	nana-sen	**8,000**	はっせん	has-sen
9,000	きゅうせん	kyū-sen	**10,000**	いちまん	ichi-man
100,000	じゅうまん	jū-man	**1,000,000**	ひゃくまん	hyaku-man
10,000,000	いっせんまん	is-sen-man	**100,000,000**	いちおく	ichi-oku

CD 23

8. *How much are the following items?*

150,000

1,200,000

1,800

125,000,000

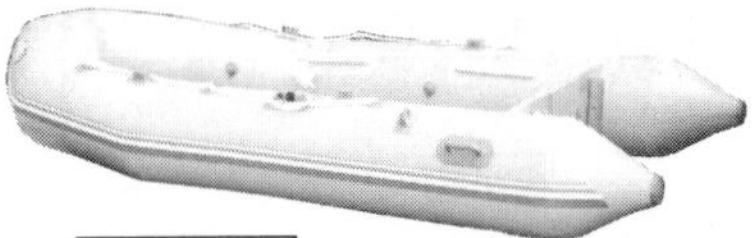

300,000

1,200

2,500

120,000

26,000

Vocabulary

カメラ kamera *camera* ビデオカメラ bideo-kamera *video camera*
じどうしゃ jidōsha *car* くるま kuruma *car* いえ ie *house*
ワイン wain *wine* ジーンズ jiinzu *jeans*
パソコン pasokon *personal computer* ボート bōto *boat*
すし sushi *sushi (vinegared rice with slices of raw fish)*

4 わたしは あさ コーヒーを のみます。

Watashi wa asa kōhii o nomimasu.

I DRINK COFFEE IN THE MORNING.

Objectives

1. Learning the non-past polite form of verbs: the masu-form
2. Describing daily routines and activities

Structures

1. あさ なにを たべますか。
   パンと たまごを たべます。
   なにも たべません。
2. どこで ばんごはんを たべますか。
   うちで たべます。

1. Asa nani o tabemasu ka.
   Pan to tamago o tabemasu.
   Nani mo tabemasen.
2. Doko de ban-gohan o tabemasu ka.
   Uchi de tabemasu.

1. *What do you eat in the morning?*
   I have egg and bread.
   I don't eat anything.
2. *Where do you eat dinner?*
   I eat it at home.

Masu-form of Verbs

Verb	Non-past	
	Affirmative	Negative
eat	たべます	たべません
drink	のみます	のみません
watch	みます	みません
listen	ききます	ききません
read	よみます	よみません
buy	かいます	かいません
do	します	しません
study	べんきょうします	べんきょうしません
research	けんきゅうします	けんきゅうしません
experiment	じっけんします	じっけんしません

Verb	Non-past	
	Affirmative	Negative
eat	tabemasu	tabemasen
drink	nomimasu	nomimasen
watch	mimasu	mimasen
listen	kikimasu	kikimasen
read	yomimasu	yomimasen
buy	kaimasu	kaimasen
do	shimasu	shimasen
study	benkyō-shimasu	benkyō-shimasen
research	kenkyū-shimasu	kenkyū-shimasen
experiment	jikken-shimasu	jikken-shimasen

CD 24

Vocabulary

たべます・たべる Ⅱ tabemasu・taberu *to eat*
のみます・のむ Ⅰ nomimasu・nomu *to drink*
みます・みる Ⅱ mimasu・miru *to watch*
ききます・きく Ⅰ kikimasu・kiku *to listen to*
よみます・よむ Ⅰ yomimasu・yomu *to read*
かいます・かう Ⅰ kaimasu・kau *to buy*
します・する Ⅲ shimasu・suru *to do*
べんきょうします・べんきょうする Ⅲ benkyō-shimasu・benkyō-suru *to study*
けんきゅうします・けんきゅうする Ⅲ kenkyū-shimasu・kenkyū-suru *to research, to study*
じっけんします・じっけんする Ⅲ jikken-shimasu・jikken-suru *to experiment*

Notes

1. **'〜ます -masu,'** *which is placed after a verb, makes a verb polite.*
2. *Japanese verbs have two tenses: non-past and past. The non-past expresses the present and future tenses. It also can express a habitual action or be used to state a fact.*
3. **'〜ます -masu'** *in the non-past tense inflects as shown on the previous page. (The inflections of the past tense are introduced in Lesson 6.)*
4. *Verbs in the vocabulary list and the chart in the Appendices have two forms: the* ***masu-form*** *and the* ***dictionary form****. The dictionary form is the basic form of a verb found in the dictionary. The numbers (I), (II) and (III) after each verb indicate the group that each verb belongs to. (See Lesson 17 for verb groups and Lesson 24 for the dictionary form.)*

CD 25

1. Look at the verb chart in the Appendices and practice the affirmative and negative forms of verbs from 1 to 7.

Ex. たべます→たべません

tabemasu → tabemasen

eat → not eat

CD 26

2. Make sentences referring to pictures 1 to 7 in the Appendices' verb chart.

Ex. わたしは パンを たべます。

Watashi wa pan o tabemasu.

I eat bread.

Vocabulary

にほんご Nihon-go *Japanese language*

Notes

を **o:** *a particle to indicate the direct object of a verb.*

4. Watashi wa asa kōhii o nomimasu.
4. わたしは あさ コーヒーを のみます。

CD 27

3. ***Work in small groups and talk about what you usually do every day. Combine the verbs and objects in the box below.***

わたし
Watashi

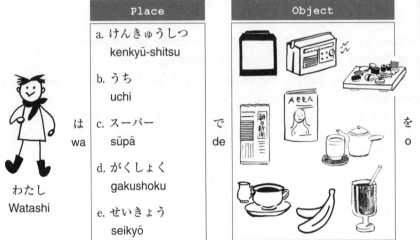

		Place		Object		Verb
わたし Watashi	は wa	a. けんきゅうしつ kenkyū-shitsu b. うち uchi c. スーパー sūpā d. がくしょく gakushoku e. せいきょう seikyō	で de		を o	a. かいます。 kaimasu. b. よみます。 yomimasu. c. ききます。 kikimasu. d. たべます。 tabemasu. e. のみます。 nomimasu. f. みます。 mimasu.

Vocabulary

みず mizu *water*　ジュース jūsu *juice*　ラジオ rajio *radio*
うち uchi *home*　スーパー sūpā *supermarket*
がくしょく gakushoku *student cafeteria*　せいきょう seikyō *co-op shop*

Notes

で **de:** *a particle to indicate the place where an action occurs.*

CD 28

4. ***Interview a friend and circle his/her choices in the questionnaire on the next page. After the interview, tell your findings to the class.***

トム：あさ なにを たべますか。
キム：パンを たべます。トムさんは？
トム：わたしは なにも たべません。

Tomu: Asa nani o tabemasu ka.
Kimu: Pan o tabemasu. Tomu-san wa?
Tomu: Watashi wa nani mo tabemasen.

Tom: *What do you eat in the morning?*
Kim: *I eat bread. How about you, Tom?*
Tom: *I eat nothing.*

Questions	Choices
1. あさ なにを のみますか。 Asa nani o nomimasu ka.	
2. なにを ききますか。 Nani o kikimasu ka.	
3. なにを よみますか。 Nani o yomimasu ka.	
4. スーパーで なにを かいますか。 Sūpā de nani o kaimasu ka.	

Vocabulary

あさ asa *morning* なに nani *what* なにも nani mo *nothing*
クラシック kurashikku *classical music* ジャズ jazu *jazz*
ポップス poppusu *pop music* ろんぶん ronbun *thesis*
しょうせつ shōsetsu *novel* まんが manga *comic book*
せっけん sekken *soap* シャンプー shanpū *shampoo*
はブラシ ha-burashi *toothbrush* シャツ shatsu *shirt*

Notes

1. 'なにも **nani mo,**' *the meaning of which is "nothing," is used with negative forms.*
   Ex. 'Nani mo nomimasen.' "*I drink nothing.*"
2. *Both* '**なん nan** *and* **なに nani**' *mean "what."* 'Nan' *is used in the following cases.*
   i) When it precedes a word starting with the consonants d, t and n.
   Senmon wa nan desu ka. *What is your major? (L. 2)*
   "*Thank you*" wa Nihon-go de nan to iimasu ka.
   How do you say "Thank you" in Japanese? (L. 27)
   Nihon e nan no kenkyū ni kimashita ka.
   What did you come to Japan to study? (L. 10)
   ii) When it precedes a counter suffix or the like.
   Kami ga nan-mai arimasu ka. *How many pieces of paper are there? (L. 18)*
   Kyō wa nan-yōbi desu ka. *What day is it today? (L. 7)*
   In all other cases, 'なに nani' *is used.*
   Nani o tabemasu ka. *What do you eat? (L. 4)*
   Nani ga arimasu ka. *What is there? (L. 8)*

4. Watashi wa asa kōhii o nomimasu.
4. わたしは あさ コーヒーを のみます。

CD 29

5. *Practice the conversation. Ask three of your classmates the questions in the box below.*

たなか：マリアさんは どこで ひるごはんを たべますか。
マリア：がくしょくで たべます。
たなか：なにを たべますか。
マリア：いつも ていしょくを たべます。
たなか：ばんごはんも がくしょくで たべますか。
マリア：いいえ、ばんごはんは うちで たべます。

Tanaka: Maria-san wa doko de hiru-gohan o tabemasu ka.
Maria: Gakushoku de tabemasu.
Tanaka: Nani o tabemasu ka.
Maria: Itsumo teishoku o tabemasu.
Tanaka: Ban-gohan mo gakushoku de tabemasu ka.
Maria: Iie, ban-gohan wa uchi de tabemasu.

Tanaka: Where do you eat lunch, Maria?
Maria: I eat it at the student cafeteria.
Tanaka: What do you eat?
Maria: I always eat the set menu.
Tanaka: Do you eat dinner at the student cafeteria, too?
Maria: No, as for dinner, I eat that at home.

Questions	さん -san	さん -san	さん -san
1. あさごはんを たべますか。 Asa-gohan o tabemasu ka.			
2. がくしょくで ひるごはんを たべますか。 Gakushoku de hiru-gohan o tabemasu ka.			
3. どこで ばんごはんを たべますか。 Doko de ban-gohan o tabemasu ka.			

Vocabulary

どこ doko *where* あさごはん asa-gohan *breakfast*
ひるごはん hiru-gohan *lunch* ばんごはん ban-gohan *dinner*
いつも itsumo *always*

Notes

は wa: *a particle to indicate a topic.* 'Ban-gohan wa uchi de tabemasu.' *means "As for dinner, I eat that at home."*

CD 30

6. *Work in pairs and practice the conversation.*

Ex. たなか：マリアさんは テレビを みますか。

マリア：ときどき みます。

たなか：なにを みますか。

マリア：ニュースと スポーツを みます。

Tanaka: Maria-san wa terebi o mimasu ka.
Maria: Tokidoki mimasu.
Tanaka: Nani o mimasu ka.
Maria: Nyūsu to supōtsu o mimasu.

Tanaka: Do you watch TV, Maria?
Maria: Yes, I sometimes do.
Tanaka: What do you watch?
Maria: I watch the news and sports.

Ex. ニュース，スポーツ

1. ドラマ，アニメ　　2. えいが，ドキュメンタリー

3. __________, __________

Ex. nyūsu, supōtsu

1. dorama, anime　　2. eiga, dokyumentarii

3. __________, __________

Vocabulary

ときどき tokidoki *sometimes*　ニュース nyūsu *news*
スポーツ supōtsu *sports*　ドラマ dorama *drama*
アニメ anime *animation, cartoon*
ドキュメンタリー dokyumentarii *documentary*

Notes

と **to:** *a particle to connect two nouns in coordinate relation.*

4. Watashi wa asa kōhii o nomimasu.
4. わたしは あさ コーヒーを のみます。

CD 31

7. *Read the following and answer the questions.*

　マリアさんは りゅうがくせいです。せんもんは かがくです。まいにち けんきゅうしつで けんきゅうします。

　マリアさんの しゅみは おんがくです。クラシックと ジャズを ききます。

　マリアさんは よる うちで ばんごはんを たべます。それから、にほんごを べんきょうします。ときどき テレビを みます。

Maria-san wa ryūgakusei desu. Senmon wa kagaku desu.
Mainichi kenkyū-shitsu de kenkyū-shimasu.
Maria-san no shumi wa ongaku desu.
Kurashikku to jazu o kikimasu.
Maria-san wa yoru uchi de ban-gohan o tabemasu.
Sorekara, Nihon-go o benkyō-shimasu.
Tokidoki terebi o mimasu.

Maria is an overseas student. Her major is chemistry.
Every day she does research in a laboratory.
Her hobby is listening to music. She listens to classical music and jazz.
Maria eats dinner at home in the evening. Then she studies Japanese.
She sometimes watches TV.

1. マリアさんの せんもんは なんですか。
2. マリアさんは どこで けんきゅうしますか。
3. マリアさんの しゅみは なんですか。
4. マリアさんは よる うちで なにを しますか。

1. Maria-san no senmon wa nan desu ka.
2. Maria-san wa doko de kenkyū-shimasu ka.
3. Maria-san no shumi wa nan desu ka.
4. Maria-san wa yoru uchi de nani o shimasu ka.

1. *What is Maria's major?*
2. *Where does Maria do research?*
3. *What is Maria's hobby?*
4. *What does Maria do at home in the evening?*

Vocabulary

それから　sorekara　*and then, after that*　　よる　yoru　*evening, night*

Notes

The verb **'します shimasu'** *means "to do," "to make" or "to play" in English. It takes many objects like the following:* 'kaimono o shimasu,' *"to do shopping";* 'ryōri o shimasu,' *"to cook";* 'ryokō o shimasu,' *"to take a trip";* 'tenisu/yakyū/sakkā/pinpon, etc., o shimasu,' *"to play tennis/baseball/football/ping-pong, etc.";* 'haikingu o shimasu,' *"to hike";* 'yamanobori o shimasu,' *"to climb a mountain," etc.*

8. Work in pairs and interview your partner about his/her major, hobbies, daily activities, etc., referring to Exercise 7. Then write a short paragraph about your partner in the following space and introduce him/her to the class.

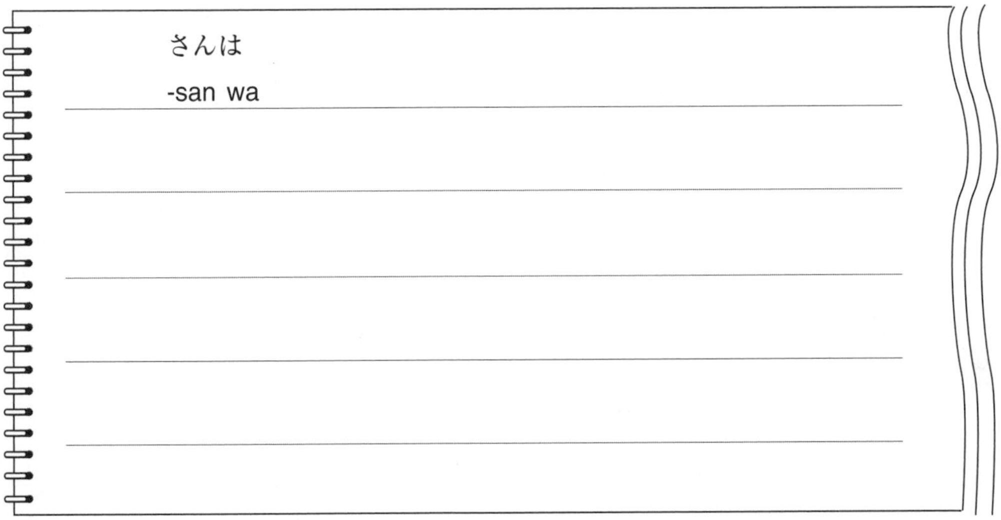

Notes

5 いま なんじですか。

Ima nan-ji desu ka.

WHAT TIME IS IT NOW?

Objectives

1. *Asking and telling the time*
2. *Describing actions related to time*

Structures

1. いま なんじですか。
   6じ10ぷんです。
2. ぎんこうは なんじから なんじまでですか。
   9じから 3じまでです。
3. なんじに おきますか。
   7じに おきます。

1. Ima nan-ji desu ka.
   Roku-ji jup-pun desu.
2. Ginkō wa nan-ji kara nan-ji made desu ka.
   Ku-ji kara san-ji made desu.
3. Nan-ji ni okimasu ka.
   Shichi-ji ni okimasu.

1. *What time is it now?*
   It's 6:10.
2. *What hours is the bank open?*
   It is open from 9:00 to 3:00.
3. *What time do you get up?*
   I get up at 7:00.

CD 32

1. *Practice telling the time referring to the clock below.*

Hours

1	いちじ	ichi-ji
2	にじ	ni-ji
3	さんじ	san-ji
4	よじ	yo-ji
5	ごじ	go-ji
6	ろくじ	roku-ji
7	しちじ	shichi-ji
8	はちじ	hachi-ji
9	くじ	ku-ji
10	じゅうじ	jū-ji
11	じゅういちじ	jū-ichi-ji
12	じゅうにじ	jū-ni-ji
?	なんじ	nan-ji

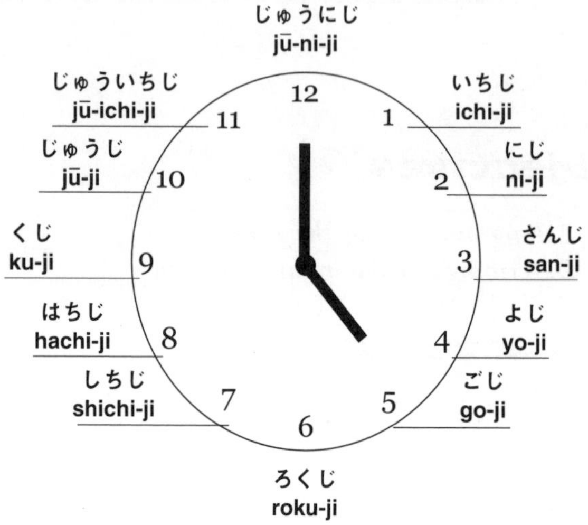

Minutes

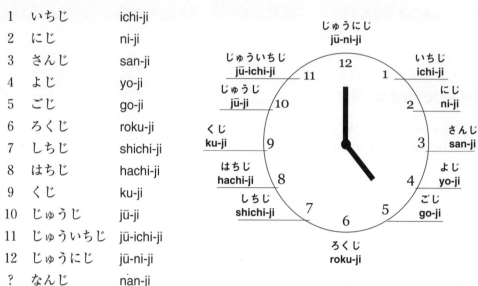

1	いっぷん	ip-pun	2	にふん	ni-fun		
3	さんぷん	san-pun	4	よんぷん	yon-pun		
5	ごふん	go-fun	6	ろっぷん	rop-pun		
7	ななふん	nana-fun	8	はっぷん	hap-pun		
9	きゅうふん	kyū-fun	10	じゅっぷん	jup-pun		
15	じゅうごふん	jū-go-fun	30	さんじゅっぷん	san-jup-pun	はん	han
?	なんぷん	nan-pun					

Vocabulary

—じ -ji *o'clock*　なんじ nan-ji *what time*　—ふん／ぷん -fun/-pun *minute(s)*
はん han *half*　なんぷん nan-pun *how many minute(s)*

CD 33

2. *Work in pairs and ask the time as in the example. Take turns.*

Ex. A：すみません、いま なんじですか。
B：いちじです。

A: Sumimasen, ima nan-ji desu ka.
B: Ichi-ji desu.

A: Excuse me, but what time is it now?
B: It's one o'clock.

Ex.
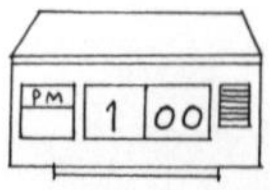

1.
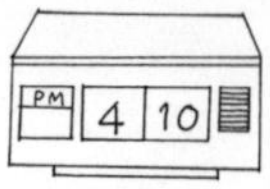

2. 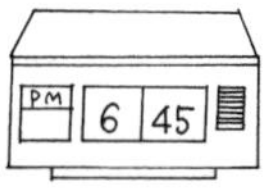

3. 

4. 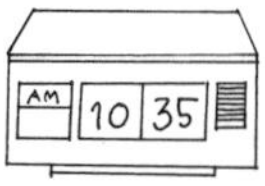

5. 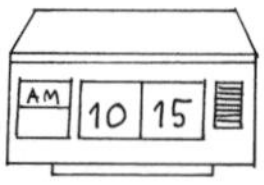

6. 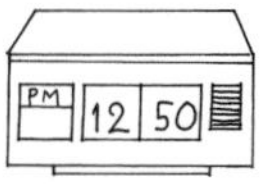

Vocabulary

すみません　sumimasen　*excuse me*　　いま　ima　*now*

CD 34

3. Ask the time and complete the blanks.

Student A

A：＿＿＿＿＿＿＿＿は　いま　なんじですか。

B：ごぜん／ごご　＿＿＿＿＿じです。

A: ＿＿＿＿＿＿wa ima nan-ji desu ka.　　*A: What time is it now in ＿＿＿＿＿＿?*

B: Gozen/gogo ＿＿＿＿＿＿-ji desu.　　*B: It's ＿＿＿＿＿＿a.m./p.m.*

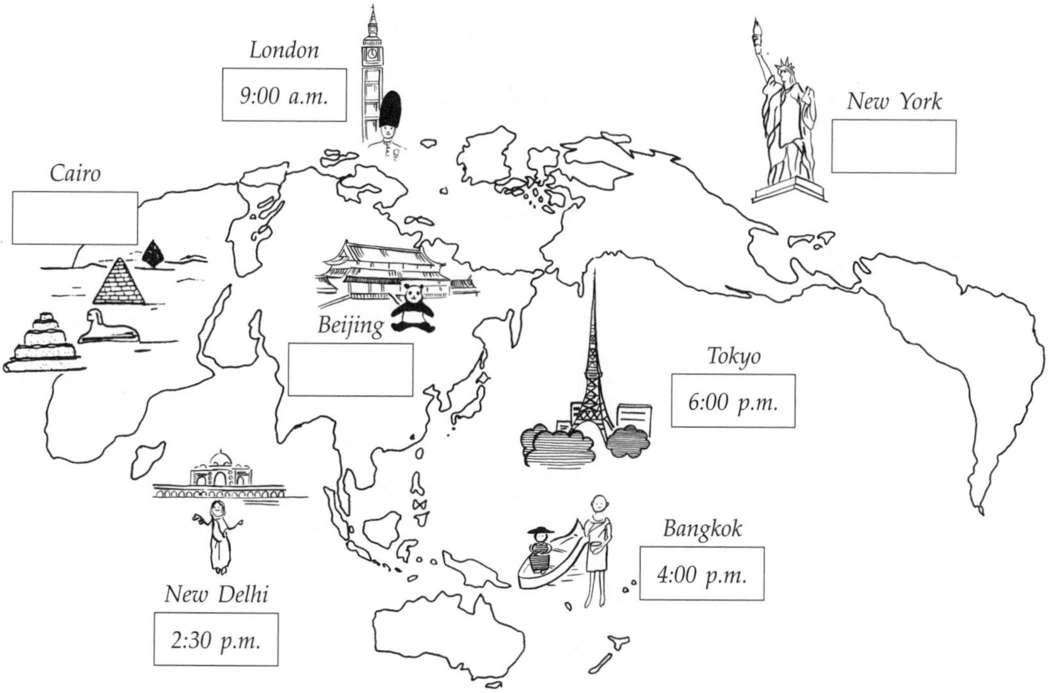

Vocabulary

ごぜん　gozen　*a.m., morning*　　ごご　gogo　*p.m., afternoon*

ロンドン　Rondon　*London*　　バンコク　Bankoku　*Bangkok*

ニューデリー　Nyū-derii　*New Delhi*　　とうきょう　Tōkyō　*Tokyo*

ペキン　Pekin　*Beijing*　　カイロ　Kairo　*Cairo*

ニューヨーク　Nyū-yōku　*New York*

Student B

A：＿＿＿＿＿＿＿＿は いま なんじですか。

B：ごぜん／ごご ＿＿＿＿＿じです。

A: ＿＿＿＿＿wa ima nan-ji desu ka. *A: What time is it now in ＿＿＿＿＿?*

B: Gozen/gogo ＿＿＿＿＿-ji desu. *B: It's ＿＿＿＿＿a.m./p.m.*

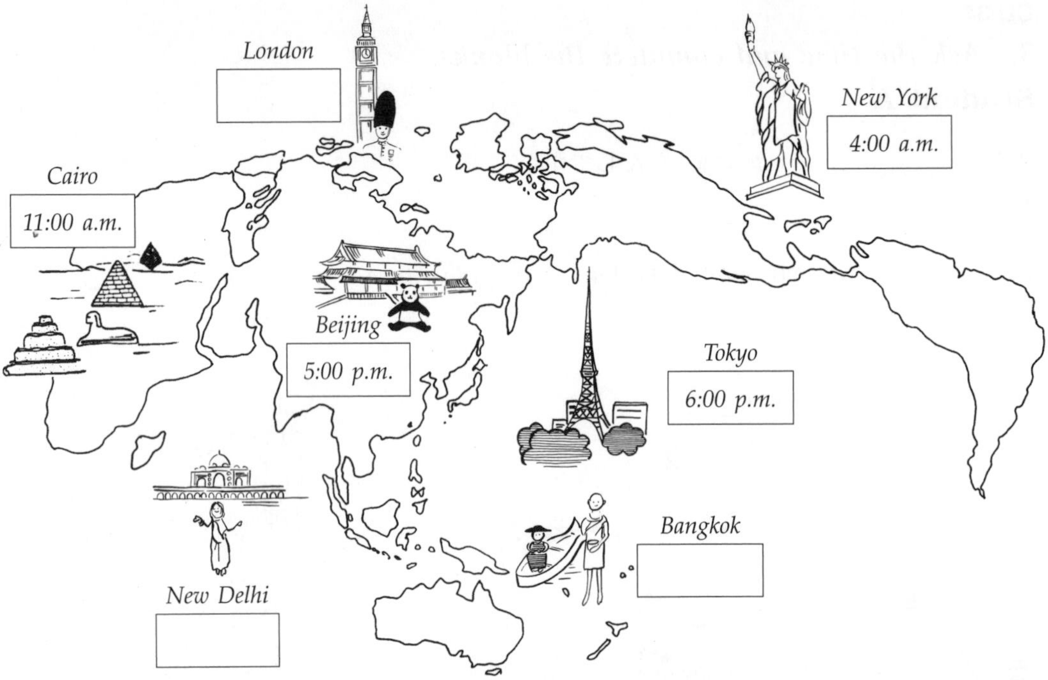

London
New York
4:00 a.m.
Cairo
11:00 a.m.
Beijing
5:00 p.m.
Tokyo
6:00 p.m.
Bangkok
New Delhi

Vocabulary

ごぜん gozen *a.m., morning* ごご gogo *p.m., afternoon*

ロンドン Rondon *London* バンコク Bankoku *Bangkok*

ニューデリー Nyū-derii *New Delhi* とうきょう Tōkyō *Tokyo*

ペキン Pekin *Beijing* カイロ Kairo *Cairo*

ニューヨーク Nyū-yōku *New York*

CD 35

4. *Work in pairs and ask your partner about his/her schedule referring to the chart below.*

Ex. A：Bさんの ゼミは なんじから なんじまでですか。

B：10じ40ぷんから 12じ10ぷんまでです。

A: B-san no zemi wa nan-ji kara nan-ji made desu ka.
B: Jū-ji yon-jup-pun kara jū-ni-ji jup-pun made desu.

A: From what time to what time is your seminar, Mr. B?
B: It is from 10:40 to 12:10.

Student A's Schedule

ゼミ zemi	9:00～10:30
にほんごの クラス Nihon-go no kurasu	1:10～2:40
こうぎ kōgi	3:00～4:30

Student B's Schedule

ゼミ zemi	10:40～12:10
にほんごの クラス Nihon-go no kurasu	1:30～3:00
こうぎ kōgi	3:20～4:50

Vocabulary

ゼミ zemi *seminar*　クラス kurasu *class*　こうぎ kōgi *lecture*

Notes

1. から **kara:** *a particle to indicate a starting point. It means "from."*
2. まで **made:** *a particle to indicate a spatial, temporal or quantitative limit. It means "until" or "up to."*

CD 36

5. *Answer the following questions.*

1. あなたの くにの ゆうびんきょくは なんじから なんじまでですか。
2. あなたの くにの ぎんこうは なんじから なんじまでですか。
3. あなたの くにの デパートは なんじから なんじまでですか。

1. Anata no kuni no yūbinkyoku wa nan-ji kara nan-ji made desu ka.
2. Anata no kuni no ginkō wa nan-ji kara nan-ji made desu ka.
3. Anata no kuni no depāto wa nan-ji kara nan-ji made desu ka.

Vocabulary

ゆうびんきょく yūbinkyoku *post office*　ぎんこう ginkō *bank*
デパート depāto *department store*

CD 37

6. *Talk about Tom's daily schedule as in the examples.*

Ex. 1.　トムさんは 7じに おきます。

Ex. 2.　トムさんは 8じから 12じまで けんきゅうします。

Tomu-san wa shichi-ji ni okimasu.
Tomu-san wa hachi-ji kara jū-ni-ji made kenkyū-shimasu.

Tom gets up at 7 o'clock.
Tom does research from 8 o'clock to 12 o'clock.

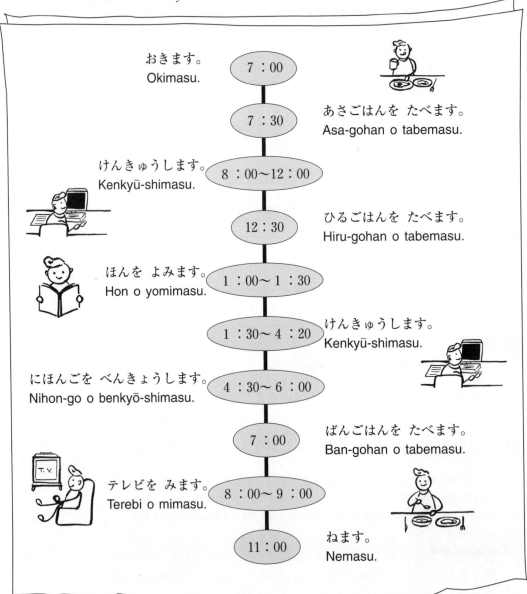

7：00	おきます。 Okimasu.
7：30	あさごはんを たべます。 Asa-gohan o tabemasu.
8：00〜12：00	けんきゅうします。 Kenkyū-shimasu.
12：30	ひるごはんを たべます。 Hiru-gohan o tabemasu.
1：00〜1：30	ほんを よみます。 Hon o yomimasu.
1：30〜4：20	けんきゅうします。 Kenkyū-shimasu.
4：30〜6：00	にほんごを べんきょうします。 Nihon-go o benkyō-shimasu.
7：00	ばんごはんを たべます。 Ban-gohan o tabemasu.
8：00〜9：00	テレビを みます。 Terebi o mimasu.
11：00	ねます。 Nemasu.

Vocabulary

おきます・おきる Ⅱ okimasu · okiru *to get up*

ねます・ねる Ⅱ nemasu · neru *to go to bed*

Notes

に **ni:** *a particle to indicate a point in time. It means "at."*

CD 38

7. Interview a classmate about his/her typical daily schedule.

Questions		*Classmate's answers*
1. なんじに おきますか。 Nan-ji ni okimasu ka.		
2. なんじに あさごはんを たべますか。 Nan-ji ni asa-gohan o tabemasu ka.		
3. なんじから なんじまで けんきゅうしますか。 Nan-ji kara nan-ji made kenkyū-shimasu ka.		~
4. なんじに ばんごはんを たべますか。 Nan-ji ni ban-gohan o tabemasu ka.		
5. なんじから なんじまで テレビを みますか。 Nan-ji kara nan-ji made terebi o mimasu ka.		~
6. なんじに ねますか。 Nan-ji ni nemasu ka.		

1. *What time do you get up?*
2. *What time do you eat breakfast?*
3. *From what time to what time do you study?*
4. *What time do you eat dinner?*
5. *From what time to what time do you watch TV?*
6. *What time do you go to bed?*

Review Quiz—Lessons 1-5

Ⅰ. *Fill in the blanks with particles.*

1. それ（　　　）なんですか。
2. この ほんは だれ（　　　）ですか。
3. わたしは あさ なに（　　　）たべません。
4. わたし（　　　）せんもんは けんちくです。
5. どこ（　　　）ばんごはんを たべますか。
6. わたしは 7じ（　　　）おきます。
7. ゆうびんきょくは 9じ（　　　）5じ（　　　）です。

1. Sore（　　　）nan desu ka.
2. Kono hon wa dare（　　　）desu ka.
3. Watashi wa asa nani（　　　）tabemasen.
4. Watashi（　　　）senmon wa kenchiku desu.
5. Doko（　　　）ban-gohan o tabemasu ka.
6. Watashi wa shichi-ji（　　　）okimasu.
7. Yūbinkyoku wa ku-ji（　　　）go-ji（　　　）desu.

Ⅱ. *Fill in the blanks with appropriate words from the box below.*

1. よる（　　　　　）を しますか。 —— テレビを みます。
2. おくには（　　　　　）ですか。 —— インドです。
3. あの かばんは（　　　　　）ですか。 —— たなかさんのです。
4. いま（　　　　　）ですか。 —— 8じです。
5. これは（　　　　　）ですか。 —— 300えんです。

なんじ　いくら　なに　だれの　どちら

1. Yoru（　　　　　）o shimasu ka. —— Terebi o mimasu.
2. O-kuni wa（　　　　　）desu ka. —— Indo desu.
3. Ano kaban wa（　　　　　）desu ka. —— Tanaka-san no desu.
4. Ima（　　　　　）desu ka. —— Hachi-ji desu.
5. Kore wa（　　　　　）desu ka. —— San-byaku-en desu.

nan-ji　ikura　nani　dare no　dochira

Ⅲ. *The following is Kim's daily schedule. Put the appropriate verbs in the parentheses.*

1. あさ 6じに （　　　　　　　　　　　　　　　　　）
2. あさごはんを （　　　　　　　　　　　　　　　　　）
3. だいがくで （　　　　　　　　　　　　　　　　　）
4. よる うちで テレビを （　　　　　　　　　　　　　）
5. 11じに （　　　　　　　　　　　　　　　　　）

1. Asa roku-ji ni (　　　　　　　　　　　　　　　　　)
2. Asa-gohan o (　　　　　　　　　　　　　　　　　)
3. Daigaku de (　　　　　　　　　　　　　　　　　)
4. Yoru uchi de terebi o (　　　　　　　　　　　　　)
5. Jū-ichi-ji ni (　　　　　　　　　　　　　　　　　)

1.

2.

3.

4.

5.

Ⅳ. *Answer the following questions.*

1. せんもんは なんですか。 ______________________________
2. しゅみは なんですか。 ______________________________
3. あさ なにを のみますか。 ______________________________

1. Senmon wa nan desu ka. ______________________________
2. Shumi wa nan desu ka. ______________________________
3. Asa nani o nomimasu ka. ______________________________

Ⅴ. *Match the word and the meaning.*

1. けんきゅうしつ （　　）　2. しゅうし （　　）　3. じしょ （　　）
4. かばん （　　）　5. とけい （　　）　6. りょう （　　）　7. しんぶん （　　）
8. くだもの （　　）　9. ごぜん （　　）　10. ぎんこう （　　）

1. kenkyū-shitsu (　　)　2. shūshi (　　)　3. jisho (　　)
4. kaban (　　)　5. tokei (　　)　6. ryō (　　)　7. shinbun (　　)
8. kudamono (　　)　9. gozen (　　)　10. ginkō (　　)

a. newspaper	*b. study room*	*c. a.m.*	*d. master's course*	*e. bag*
f. watch	*g. bank*	*h. fruit*	*i. dictionary*	*j. dormitory*

6 あした どこへ 行(い)きますか。

Ashita doko e ikimasu ka.

WHERE ARE YOU GOING TOMORROW?

Objectives

1. *Describing coming and going*
2. *Learning the past tense of polite form verbs*
3. *Describing your weekly schedule*

Structures

1. どこへ 行(い)きますか。
   銀行(ぎんこう)へ 行(い)きます。
   どこ(へ)も 行(い)きません。
2. 何(なん)で 行(い)きますか。
   バスで 行(い)きます。
3. だれと 行(い)きますか。
   友達(ともだち)と 行(い)きます。
4. 月曜日(げつようび) どこへ 行(い)きましたか。
   大使館(たいしかん)へ 行(い)きました。

1. Doko e ikimasu ka.
   Ginkō e ikimasu.
   Doko (e) mo ikimasen.
2. Nan de ikimasu ka.
   Basu de ikimasu.
3. Dare to ikimasu ka.
   Tomodachi to ikimasu.
4. Getsu-yōbi doko e ikimashita ka.
   Taishikan e ikimashita.

1. *Where are you going?*
   I am going to the bank.
   I am going nowhere.
2. *How do you go?*
   I go by bus.
3. *Who do you go with?*
   I go with my friend.
4. *Where did you go on Monday?*
   I went to the embassy.

Conjugation of the Masu-form of Verbs

	Non-past		Past	
	Affirmative	Negative	Affirmative	Negative
go	いきます	いきません	いきました	いきませんでした
come	きます	きません	きました	きませんでした
come back	かえります	かえりません	かえりました	かえりませんでした

	Non-past		Past	
	Affirmative	Negative	Affirmative	Negative
go	ikimasu	ikimasen	ikimashita	ikimasendeshita
come	kimasu	kimasen	kimashita	kimasendeshita
come back	kaerimasu	kaerimasen	kaerimashita	kaerimasendeshita

CD 39

1. *Make a conversation referring to the pictures below.*

Ex. A：どこへ 行(い)きますか。

B：<u>プール</u>へ 行(い)きます。

A: Doko e ikimasu ka.
B: <u>Pūru</u> e ikimasu.

A: Where will you go?
B: I will go to the swimming pool.

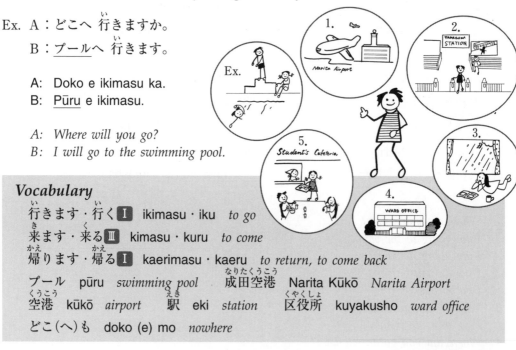

Vocabulary

行(い)きます・行(い)く Ⅰ ikimasu・iku *to go*
来(き)ます・来(く)る Ⅲ kimasu・kuru *to come*
帰(かえ)ります・帰(かえ)る Ⅰ kaerimasu・kaeru *to return, to come back*
プール pūru *swimming pool* 成田空港(なりたくうこう) Narita Kūkō *Narita Airport*
空港(くうこう) kūkō *airport* 駅(えき) eki *station* 区役所(くやくしょ) kuyakusho *ward office*
どこ(へ)も doko (e) mo *nowhere*

Notes

1. へ **e:** *a particle to indicate direction of movement.*
2. 'どこ(へ)も **doko (e) mo,'** *meaning "nowhere," is used with the negative form of* 'ikimasu,' "*to go.*" *Ex.* 'Doko (e) mo ikimasendeshita.' "*I didn't go anywhere.*"

CD 40

2. *Make sentences referring to the pictures below.*

Ex. A：何(なん)で 行(い)きますか。
B：<u>車(くるま)</u>で 行(い)きます。

A: Nan de ikimasu ka.
B: <u>Kuruma</u> de ikimasu.

A: How will you go?
B: I will go by car.

Vocabulary

電車(でんしゃ) densha *train* 地下鉄(ちかてつ) chikatetsu *subway*
自転車(じてんしゃ) jitensha *bicycle* 飛行機(ひこうき) hikōki *airplane*
新幹線(しんかんせん) Shinkansen *bullet train* バス basu *bus* 歩(ある)いて aruite *on foot*

Notes

1. で **de:** *a particle to indicate means of transportation.*
2. '歩(ある)いて **aruite**' *is the te-form (see L. 17) of* 'arukimasu,' *which means "to walk."*

CD 41

3. *Ask three of your classmates who they came to Japan with. Tell your findings to the class.*

A：だれと 日本(にほん)へ 来(き)ましたか。
B：<u>友達(ともだち)</u>と 来(き)ました。

A: Dare to Nihon e kimashita ka.
B: <u>Tomodachi</u> to kimashita.

A: Who did you come to Japan with?
B: I came with my friend.

Vocabulary

だれ dare *who* 日本(にほん) Nihon *Japan* 友達(ともだち) tomodachi *friend*
家族(かぞく) kazoku *family* 一人(ひとり)で hitori de *alone*

Notes

と **to:** *a particle to indicate a person with whom somebody does something.*

CD 42

4. *Write what you did last week and tell the class.*

Ex. 1. 日曜日(にちようび) スポーツセンターへ 行(い)きました。
2. 月曜日(げつようび) すきやきを 食(た)べました。
3. 火曜日(かようび) 映画(えいが)を 見(み)ました。

1. Nichi-yōbi supōtsu-sentā e ikimashita.
2. Getsu-yōbi sukiyaki o tabemashita.
3. Ka-yōbi eiga o mimashita.

1. *On Sunday, I went to the Sports Center.*
2. *On Monday, I ate sukiyaki.*
3. *On Tuesday, I watched a movie.*

1. **Sun.** ______________________________
2. **Mon.** ______________________________
3. **Tue.** ______________________________
4. **Wed.** ______________________________
5. **Thur.** ______________________________
6. **Fri.** ______________________________
7. **Sat.** ______________________________

Days of the Week

日曜日(にちようび)	nichi-yōbi	*Sunday*	月曜日(げつようび)	getsu-yōbi	*Monday*
火曜日(かようび)	ka-yōbi	*Tuesday*	水曜日(すいようび)	sui-yōbi	*Wednesday*
木曜日(もくようび)	moku-yōbi	*Thursday*	金曜日(きんようび)	kin-yōbi	*Friday*
土曜日(どようび)	do-yōbi	*Saturday*	何曜日(なんようび)	nan-yōbi	*what day of the week*

Vocabulary

スポーツセンター supōtsu-sentā *sports center*

Notes

The particle '**に ni**' *can be placed after the days of week, but it is optional.*
Ex. 'nichi-yōbi (ni)' "*on Sunday.*"

CD 43

5. *Here is Tom's weekly schedule. Work in pairs and ask for missing information to complete the chart, referring to the vocabulary list.*

Ex.

B：	トムさんは <u>きのう</u> 何(なに)を しましたか。	B:	Tomu-san wa <u>kinō</u> nani o shimashita ka.
A：	大使館(たいしかん)へ 行(い)きました。	A:	Taishikan e ikimashita.
B：	<u>何(なん)で</u> 行(い)きましたか。	B:	<u>Nan de</u> ikimashita ka.
A：	地下鉄(ちかてつ)で 行(い)きました。	A:	Chikatetsu de ikimashita.

B: What did Tom do yesterday?
A: He went to the embassy.
B: How did he go?
A: He went by subway.

Student A	おととい ototoi	きのう kinō	きょう kyō	あした ashita	あさって asatte
	What? *From? to?*	Ex. 		*What?* *Where?*	

Vocabulary

おととい ototoi *the day before yesterday*　きのう kinō *yesterday*
きょう kyō *today*　あした ashita *tomorrow*
大使館(たいしかん) taishikan *embassy*　あさって asatte *the day after tomorrow*
山(やま)のぼりを します・山(やま)のぼりを する Ⅲ
yamanobori o shimasu・yamanobori o suru *to climb a mountain*
レポート repōto *report*　書(か)きます・書(か)く Ⅰ kakimasu・kaku *to write*
およぎます・およぐ Ⅰ oyogimasu・oyogu *to swim*

Student B	おととい ototoi	きのう kinō	きょう kyō	あした ashita	あさって asatte
	10:00～15:30 	Ex. *What?* *How?*			*What?* *With whom?*

Notes

The particle '**に ni,**' *which indicates a point in time, isn't placed after such expressions as* 'ototoi,' 'kinō,' 'kyō,' 'ashita' *and* 'asatte.'

CD 44

6. *Write down the events of a special day as in the example and read it to the class.*

Ex. 日曜日 わたしは スポーツセンターへ 行きました。寮から スポーツセンターまで 電車で 行きました。それから、ヘレンさんと デパートへ 行きました。デパートで くつを 買いました。6時に 木村さんの うちへ 行きました。木村さんの うちで すきやきを 食べました。11時に 寮へ 帰りました。

Nichi-yōbi watashi wa supōtsu-sentā e ikimashita. Ryō kara supōtsu-sentā made densha de ikimashita. Sorekara, Heren-san to depāto e ikimashita. Depāto de kutsu o kaimashita. Roku-ji ni Kimura-san no uchi e ikimashita. Kimura-san no uchi de sukiyaki o tabemashita. Jū-ichi-ji ni ryō e kaerimashita.

On Sunday, I went to the sports center. I went by train from the dormitory to the sports center. Then I went to a department store with Helen. I bought shoes. At 6 o'clock I went to Mr. Kimura's house. I ate sukiyaki at Mr. Kimura's house. At 11 o'clock I returned to the dormitory.

Vocabulary

くつ kutsu *shoes*

Information

The kanji for the days of the week are based on illustrations of objects. Match the kanji with the illustration.

1.		a	金(きん) kin
2.		b	月(げつ) getsu
3.		c	土(ど) do
4.		d	水(すい) sui
5.		e	火(か) ka
6.		f	日(にち) nichi
7.		g	木(もく) moku

Answers: 1 − b, 2 − e, 3 − d, 4 − g, 5 − a, 6 − c, 7 − f

7 10月(がつ)15日(にち)に 日本(にほん)へ 来(き)ました。

Jū-gatsu jū-go-nichi ni Nihon e kimashita.

I CAME TO JAPAN ON OCTOBER 15.

Objectives

1. *Telling the date, month and year*
2. *Asking people's birthdays*
3. *Making suggestions and responding to them*

Structures

1. いつ 日本(にほん)へ 来(き)ましたか。	1. Itsu Nihon e kimashita ka.
10月(がつ)15日(にち)に 来(き)ました。	Jū-gatsu jū-go-nichi ni kimashita.
2. 誕生日(たんじょうび)は いつですか。	2. Tanjōbi wa itsu desu ka.
7月(がつ)27日(にち)です。	Shichi-gatsu ni-jū-shichi-nichi desu.
3. いっしょに お茶(ちゃ)を 飲(の)みませんか。	3. Issho ni ocha o nomimasen ka.
はい、飲(の)みましょう。	Hai, nomimashō

1. *When did you come to Japan?*
   I came here on October 15.
2. *When is your birthday?*
   It is July 27.
3. *Won't you have tea with me?*
   Yes, let's have some.

CD 45

1. *Practice saying months, days and years referring to the following.*

Months

1月(がつ)	ichi-gatsu	*January*	2月(がつ)	ni-gatsu	*February*
3月(がつ)	san-gatsu	*March*	4月(がつ)	shi-gatsu	*April*
5月(がつ)	go-gatsu	*May*	6月(がつ)	roku-gatsu	*June*
7月(がつ)	shichi-gatsu	*July*	8月(がつ)	hachi-gatsu	*August*
9月(がつ)	ku-gatsu	*September*	10月(がつ)	jū-gatsu	*October*
11月(がつ)	jū-ichi-gatsu	*November*	12月(がつ)	jū-ni-gatsu	*December*
何月(なんがつ)	nan-gatsu	*what month*			

Days

日曜日 nichi-yōbi *Sunday*	月曜日 getsu-yōbi *Monday*	火曜日 ka-yōbi *Tuesday*	水曜日 sui-yōbi *Wednesday*	木曜日 moku-yōbi *Thursday*	金曜日 kin-yōbi *Friday*	土曜日 do-yōbi *Saturday*
		1日 ついたち tsuitachi	2日 ふつか futsuka	3日 みっか mikka	4日 よっか yokka	5日 いつか itsuka
6日 むいか muika	7日 なのか nanoka	8日 ようか yōka	9日 ここのか kokonoka	10日 とおか tōka	11日 じゅういちにち jū-ichi-nichi	12日 じゅうににち jū-ni-nichi
13日 じゅうさんにち jū-san-nichi	14日 じゅうよっか jū-yokka	15日 じゅうごにち jū-go-nichi	16日 じゅうろくにち jū-roku-nichi	17日 じゅうしちにち jū-shichi-nichi	18日 じゅうはちにち jū-hachi-nichi	19日 じゅうくにち jū-ku-nichi
20日 はつか hatsuka	21日 にじゅういちにち ni-jū-ichi-nichi	22日 にじゅうににち ni-jū-ni-nichi	23日 にじゅうさんにち ni-jū-san-nichi	24日 にじゅうよっか ni-jū-yokka	25日 にじゅうごにち ni-jū-go-nichi	26日 にじゅうろくにち ni-jū-roku-nichi
27日 にじゅうしちにち ni-jū-shichi-nichi	28日 にじゅうはちにち ni-jū-hachi-nichi	29日 にじゅうくにち ni-jū-ku-nichi	30日 さんじゅうにち san-jū-nichi	31日 さんじゅういちにち san-jū-ichi-nichi		

何曜日(なんようび) nan-yōbi *what day of the week* 何日(なんにち) なんにち nan-nichi *what day*

Year and Date

2013年(ねん) 5月(がつ)10日(とおか)水曜日(すいようび)

Ni-sen-jū-san-nen go-gatsu tōka sui-yōbi

Wednesday, May 10, 2013

Notes

As shown above, in Japanese, time expressions go from the larger unit to the smaller.

CD 46

2. *Review the particle* 'ni' *used with time expressions.*

9時(じ)	に	行(い)きます	ku-ji	ni	ikimasu
月曜日(げつようび)	(に)		getsu-yōbi	(ni)	
10日(とおか)	に		tōka	ni	
2月(がつ)	に		ni-gatsu	ni	
2XXX年(ねん)	に		ni-sen-X-nen	ni	
きょう／あした	×		kyō/ashita	×	
今週(こんしゅう)／今月(こんげつ)／今年(ことし)	×		konshū/kongetsu/kotoshi	×	
毎日(まいにち)	×		mainichi	×	
*きのう	×	行(い)きました	* kinō	×	ikimashita

I go *at 9:00.*
on Monday.
on the 10th.
in February.
in 2xxx.
today/tomorrow.
this week/this month/this year.
every day.

* *I went* *yesterday.*

Vocabulary

先週(せんしゅう) senshū *last week*
来週(らいしゅう) raishū *next week*
今月(こんげつ) kongetsu *this month*
去年(きょねん) kyonen *last year*
来年(らいねん) rainen *next year*
—月(がつ) -gatsu *-th month of the year*
—年(ねん) -nen *—year(s)*
—日(にち) -nichi *-th day of the month, —days*
今週(こんしゅう) konshū *this week*
先月(せんげつ) sengetsu *last month*
来月(らいげつ) raigetsu *next month*
今年(ことし) kotoshi *this year*
毎日(まいにち) mainichi *every day*

CD 47

3. *Answer the following questions.*

1. 今年(ことし)は 何年(なんねん)ですか。
2. きょうは 何日(なんにち)ですか。
3. あしたは 何日(なんにち)ですか。
4. きょうは 何曜日(なんようび)ですか。
5. あしたは 何曜日(なんようび)ですか。

1. Kotoshi wa nan-nen desu ka.
2. Kyō wa nan-nichi desu ka.
3. Ashita wa nan-nichi desu ka.
4. Kyō wa nan-yōbi desu ka.
5. Ashita wa nan-yōbi desu ka.

CD 48

4. *Ask your classmates when they came to Japan and when they will return to their countries.*

A：いつ 日本(にほん)へ 来(き)ましたか。
B：2006年(ねん)10月8日(がつようか)に 来(き)ました。
A：いつ 国(くに)へ 帰(かえ)りますか。
B：来年(らいねん) 3月(がつ)に 帰(かえ)ります。

A: Itsu Nihon e kimashita ka.
B: Ni-sen roku-nen jū-gatsu yōka ni kimashita.
A: Itsu kuni e kaerimasu ka.
B: Rainen san-gatsu ni kaerimasu.

A: When did you come to Japan?
B: I came here on October 8, 2006.
A: When are you going back to your country?
B: I'll go back in March of next year.

Name	来(き)ました kimashita	帰(かえ)ります kaerimasu
さん -san	*year month date*	*year month date*
さん -san	*year month date*	*year month date*
さん -san	*year month date*	*year month date*

Vocabulary

いつ itsu *when*

CD 49

5. *Ask your classmates their birthdays and then tell your findings to the class.*

A：誕生日(たんじょうび)は いつですか。
B：1月2日(がつふつか)です。

A: Tanjōbi wa itsu desu ka.
B: Ichi-gatsu futsuka desu.

A: When is your birthday?
B: It's January 2.

誕生日(たんじょうび)は いつですか。 Tanjōbi wa itsu desu ka.	
Name	**Month and Day**
さん -san	
さん -san	
さん -san	

Vocabulary

誕生日(たんじょうび)　tanjōbi　*birthday*

Information

'おめでとう ございます Omedetō gozaimasu' *is a congratulatory expression used for birthdays, weddings, passing examinations, New Year's Day, etc.* 'Akemashite omedetō gozaimasu' *means "A happy New Year."* 'Go-kekkon omedetō gozaimasu' *means "Congratulations on your wedding."*

CD 50

6. ***Summer vacation is approaching. Student A and Student B make suggestions of things to do together. Accept or decline the suggestions as in the examples.***

Student A

8月(がつ)
Hachi-gatsu

月(げつ) getsu	火(か) ka	水(すい) sui	木(もく) moku	金(きん) kin	土(ど) do	日(にち) nichi
	1	**2**	**3**	**4**	**5**	**6**
	海(うみ) umi 		京都(きょうと) Kyōto 		ボーリング bōringu	
7	**8**	**9**	**10**	**11**	**12**	**13**
			野球(やきゅう) yakyū ⑩ 		映画(えいが) eiga	

Ex. A：Bさん、いっしょに 野球(やきゅう)を しませんか。

B：いいですね。しましょう。いつですか。

A：８月10日(がつとおか)です。

B：10日(とおか)は だいじょうぶです。

A: B-san, issho ni yakyū o shimasen ka.
B: Ii desu ne. Shimashō. Itsu desu ka.
A: Hachi-gatsu tōka desu.
B: Tōka wa daijōbu desu.

A: B-san, won't you play baseball with me sometime?
B: Sounds good. Let's do that. When?
A: On August 10.
B: The 10th will be all right.

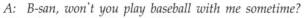

Student B

8月(がつ)
Hachi-gatsu

月(げつ) getsu	火(か) ka	水(すい) sui	木(もく) moku	金(きん) kin	土(ど) do	日(にち) nichi
	1	**2**	**3**	**4**	**5**	**6**
		北海道(ほっかいどう) Hokkaidō			プール pūru	
7	**8**	**9**	**10**	**11**	**12**	**13**
	美術館(びじゅつかん) bijutsu-kan			テニス tenisu 		山(やま)のぼり yamanobori

Ex.　B：Aさん、いっしょに プールへ 行(い)きませんか。

A：いいですね。行(い)きましょう。いつですか。

B：8月5日(がついつか)です。

A：5日(いつか)は ちょっと……。

B：そうですか。ざんねんですね。

B: A-san, issho ni pūru e ikimasen ka.
A: Ii desu ne. Ikimashō. Itsu desu ka.
B: Hachi-gatsu itsuka desu.
A: Itsuka wa chotto....
B: Sō desu ka. Zannen desu ne.

B: A-san, won't you go to the swimming pool with me sometime?
A: Sounds good. Let's go. When?
B: On August 5.
A: Well, the 5th will be a bit of a problem.
B: I see. That's too bad.

Vocabulary

野球(やきゅう) yakyū *baseball*　いいですね。 Ii desu ne. *Sounds good.*
ボーリング bōringu *bowling*　美術館(びじゅつかん) bijutsu-kan *art museum*
海(うみ) umi *sea*　京都(きょうと) Kyōto *Kyoto (name of place)*

北海道(ほっかいどう)	Hokkaidō	*Hokkaido (name of place)*
いっしょに	issho ni	*together*
だいじょうぶです。	Daijōbu desu.	*It's all right.*
ちょっと	chotto	*a bit, a little*
～は ちょっと……。	～ wa chotto....	*～ is a bit difficult.*
そうですか。	Sō desu ka.	*I see.*
ざんねんですね。	Zannen desu ne.	*I'm sorry (to hear that). That's a pity.*

Notes

1. 'V- ませんか。**V-masen ka.**' *is used to make suggestions or invite someone to do something.*
2. 'V- ましょう。**V-mashō.**' *indicates the speaker is positively inviting the listener to do something, and means "Let's V." It also can be an affirmative answer to the suggestion or invitation.*
3. 'Nは ちょっと……。**N wa chotto....**' *is a vague means of refusing a suggestion or invitation without clearly giving the reason.*
4. ね **ne:** *a sentence-final particle to indicate the speaker's request for clarification or agreement from the hearer.*
5. 'そうですか。**Sō desu ka.**' *with a falling intonation means "I see." It isn't a question.*

Quiz 1

Match the month and the illustration that features a particular month in Japan.

1. 1月(がつ) (　) ichi-gatsu　2. 3月(がつ) (　) san-gatsu　3. 4月(がつ) (　) shi-gatsu　4. 6月(がつ) (　) roku-gatsu　5. 8月(がつ) (　) hachi-gatsu　6. 12月(がつ) (　) jū-ni-gatsu

a.

b.

c.

d.

a. 花火(はなび)を 見(み)ます　hanabi o mimasu
b. 花見(はなみ)を します　hanami o shimasu
c. 雨(あめ)が ふります　ame ga furimasu
d. 神社(じんじゃ)へ 行(い)きます　jinja e ikimasu
e. 年賀状(ねんがじょう)を 書(か)きます　nengajō o kakimasu
f. 卒業(そつぎょう)します　sotsugyō-shimasu

e.

f.

Answers: 1－d, 2－f, 3－b, 4－c, 5－a, 6－e

Vocabulary

花火(はなび) hanabi *fireworks*　花見(はなみ) hanami *cherry blossom viewing*

雨(あめ) ame *rain*

ふります・ふる(雨(あめ)が〜) Ⅰ furimasu・furu (ame ga 〜) *(rain) to fall*

神社(じんじゃ) jinja *Shinto shrine*　年賀状(ねんがじょう) nengajō *New Year's card*

卒業(そつぎょう)します・卒業(そつぎょう)する Ⅲ sotsugyō-shimasu・sotsugyō-suru *to graduate*

Notes

が **ga:** *When the subject is a natural phenomenon, it is marked with the particle* 'ga.'
Ex. 'Ame ga furimasu.' "*It rains.*"

Quiz 2

Here is a journey through science in the 20th century. Match the event and the year.

1. アームストロングが 月(つき)へ 行(い)きました。	a. 1901年(ねん)
2. ノーベルしょうが 始(はじ)まりました。	b. 1927年(ねん)
3. スペースシャトルが とびました。	c. 1928年(ねん)
4. 広島(ひろしま)に げんばくが おちました。	d. 1945年(ねん)
5. フレミングが ペニシリンを 発見(はっけん)しました。	e. 1961年(ねん)
6. ビル ゲイツが マイクロソフトを 作(つく)りました。	f. 1969年(ねん)
7. ソニーが ウォークマンを 作(つく)りました。	g. 1975年(ねん)
8. リンドバーグが 飛行機(ひこうき)で パリへ 行(い)きました。	h. 1979年(ねん)
9. ガガーリンが 人工(じんこう)えいせいで とびました。	i. 1981年(ねん)
10. ティム バーナーズ リーが WWWを 作(つく)りました。	j. 1990年(ねん)

1. Āmusutorongu ga tsuki e ikimashita.	a. 1901-nen
2. Nōberu-shō ga hajimarimashita.	b. 1927-nen
3. Supēsushatoru ga tobimashita.	c. 1928-nen
4. Hiroshima ni genbaku ga ochimashita.	d. 1945-nen
5. Furemingu ga penishirin o hakken-shimashita.	e. 1961-nen
6. Biru Geitsu ga Maikurosofuto o tsukurimashita.	f. 1969-nen
7. Sonii ga Wōkuman o tsukurimashita.	g. 1975-nen
8. Rindobāgu ga hikōki de Pari e ikimashita.	h. 1979-nen
9. Gagārin ga jinkō-eisei de tobimashita.	i. 1981-nen
10. Timu Bānāzu Rii ga daburyu-daburyu-daburyu o tsukurimashita.	j. 1990-nen

7. Jū-gatsu jū-go-nichi ni Nihon e kimashita.
7. 10月15日に 日本へ 来ました。

1. *Neil Armstrong went to the moon.*
2. *The Nobel Prize awards started.*
3. *The space shuttle Columbia had its first flight.*
4. *An atomic bomb was dropped on Hiroshima.*
5. *Alexander Fleming discovered blue mold penicillin.*
6. *Bill Gates established Microsoft.*
7. *Sony made the first Walkman.*
8. *Charles Lindbergh flew non-stop to Paris.*
9. *Yuri Gagarin, a Russian astronaut, flew around the earth in a man-made satellite.*
10. *Tim Berners Lee developed the World Wide Web.*

Answers: *1-f, 2-a, 3-i, 4-d, 5-c, 6-g, 7-h, 8-b, 9-e, 10-j*

Notes

が ga: *a particle to mark a subject which is newly introduced by the speaker. Once the information or knowledge is shared between the speaker and the hearer, the topic marker* 'wa' *is used instead of* 'ga.'

Ex.	この 人(ひと)が 田中(たなか)さんです。	田中(たなか)さんは 学生(がくせい)です。
	Kono hito ga Tanaka-san desu.	Tanaka-san wa gakusei desu.
	This man is Mr. Tanaka.	*Mr. Tanaka is a student.*

8

教室(きょうしつ)に だれが いますか。

Kyōshitsu ni dare ga imasu ka.

WHO IS IN THE CLASSROOM?

Objectives

1. *Talking about the existence of people and things*
2. *Enumerating a few representative items out of many*

Structures

1. へやに 何(なに)が ありますか。
   つくえが あります。
   つくえや いすが あります。
   何(なに)も ありません。
2. へやに 何(なに)か ありますか。
   はい、あります。
3. こうえんに だれが いますか。
   田中(たなか)さんが います。
   だれも いません。
4. こうえんに だれか いますか。
   はい、います。
5. 電話(でんわ)は どこに ありますか。
   へやに あります。
6. キムさんは どこに いますか。
   教室(きょうしつ)に います。

1. Heya ni nani ga arimasu ka.
   Tsukue ga arimasu.
   Tsukue ya isu ga arimasu.
   Nani mo arimasen.
2. Heya ni nanika arimasu ka.
   Hai, arimasu.
3. Kōen ni dare ga imasu ka.
   Tanaka-san ga imasu.
   Dare mo imasen.
4. Kōen ni dareka imasu ka.
   Hai, imasu.
5. Denwa wa doko ni arimasu ka.
   Heya ni arimasu.
6. Kimu-san wa doko ni imasu ka.
   Kyōshitsu ni imasu.

1. *What is there in the room?*
   There is a desk.
   There is a desk and chairs and so on.
   There isn't anything there.
2. *Is there anything in the room?*
   Yes, there is.
3. *Who is in the park?*
   Mr. Tanaka is.
   Nobody is.
4. *Is there anybody in the park?*
   Yes, there is.
5. *Where is the telephone?*
   It's in the room.
6. *Where is Ms. Kim?*
   She is in the classroom.

CD 51

1. *Here is a map of Midori-machi. Work in pairs and talk about what is in the town.*

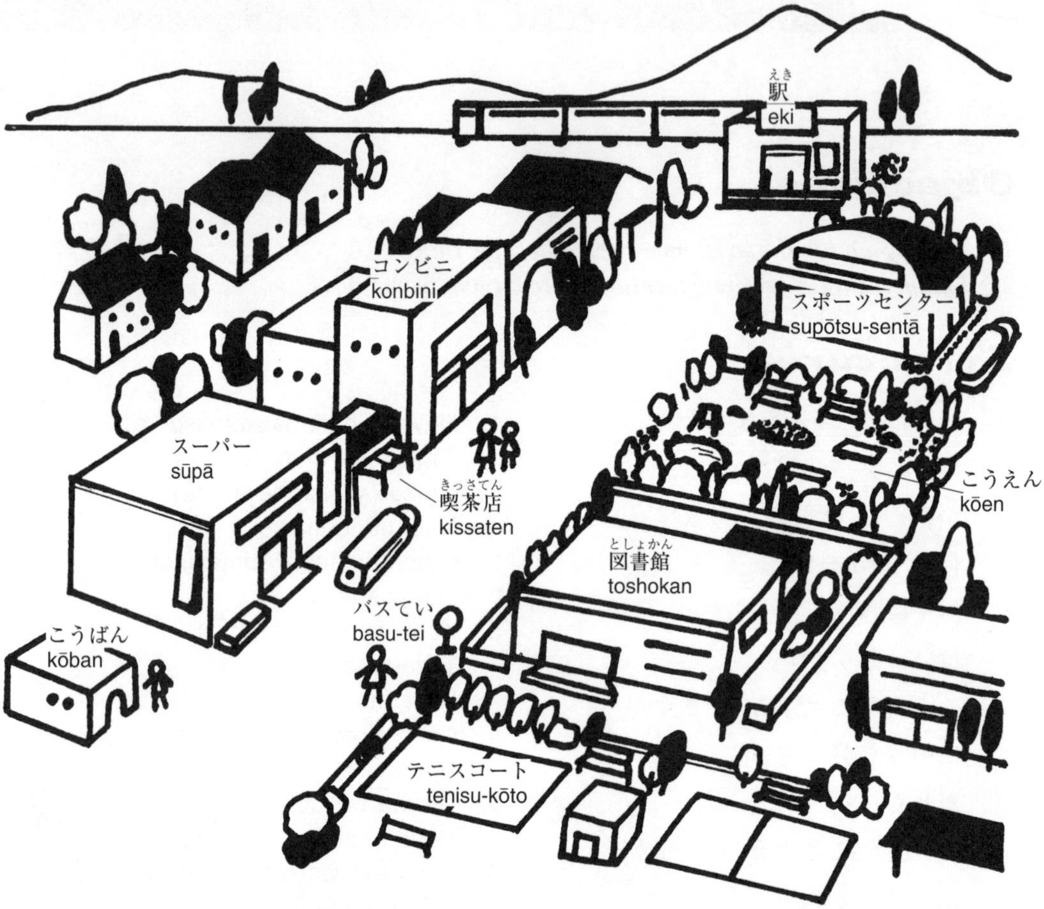

Ex. 緑町(みどりまち)に <u>こうえん</u>が あります。

Midori-machi ni <u>kōen</u> ga arimasu.

There is a park in Midori-machi.

Vocabulary

緑町(みどりまち) Midori-machi *(name of place)* こうえん kōen *park*

あります・ある I arimasu・aru *to exist, to be (referring to inanimate things)*

図書館(としょかん) toshokan *library* バスてい basu-tei *bus stop*

テニスコート tenisu-kōto *tennis court*

コンビニ konbini *convenience store* 喫茶店(きっさてん) kissaten *coffee shop*

こうばん kōban *police box*

Notes

1. 'N_1 *(place)* に N_2 *(inanimate thing)* が あります。 **N_1** ***(place)*** **ni N_2** ***(inanimate thing)*** **ga arimasu.'** *expresses the existence of inanimate things (buildings, cars, food, trees, etc.).*
2. **に ni:** *a particle to indicate a location. Refer to the sentence in Note 1.*
3. **が ga:** *a particle to indicate the subject of a sentence expressing existence.*
4. **や ya:** *a particle to list a few items out of many.* 'N_1 ya N_2 ga arimasu.' *means that there are other things that are not mentioned, but* 'N_1 to N_2 ga arimasu.' *means there are no things other than N_1 and N_2.*

Information

Japan is an old country and so it is rich in old historical buildings and monuments, some of which have been designated as World Heritage Sites by UNESCO. You may be interested in some of them.

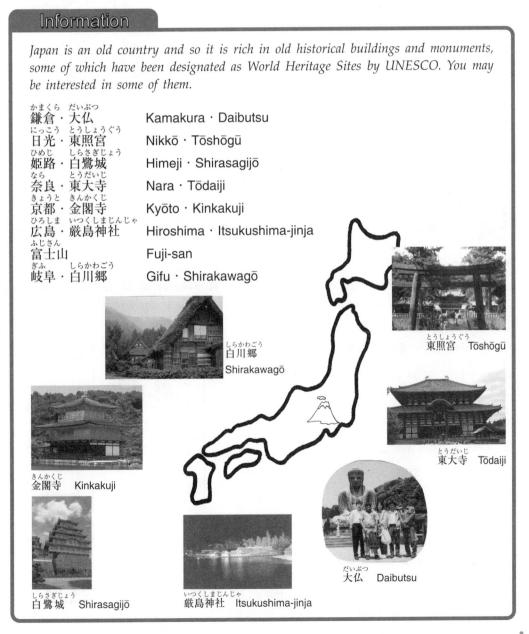

鎌倉(かまくら)・大仏(だいぶつ)	Kamakura・Daibutsu
日光(にっこう)・東照宮(とうしょうぐう)	Nikkō・Tōshōgū
姫路(ひめじ)・白鷺城(しらさぎじょう)	Himeji・Shirasagijō
奈良(なら)・東大寺(とうだいじ)	Nara・Tōdaiji
京都(きょうと)・金閣寺(きんかくじ)	Kyōto・Kinkakuji
広島(ひろしま)・厳島神社(いつくしまじんじゃ)	Hiroshima・Itsukushima-jinja
富士山(ふじさん)	Fuji-san
岐阜(ぎふ)・白川郷(しらかわごう)	Gifu・Shirakawagō

東照宮(とうしょうぐう) Tōshōgū

白川郷(しらかわごう) Shirakawagō

東大寺(とうだいじ) Tōdaiji

金閣寺(きんかくじ) Kinkakuji

大仏(だいぶつ) Daibutsu

白鷺城(しらさぎじょう) Shirasagijō

厳島神社(いつくしまじんじゃ) Itsukushima-jinja

CD 52

2. *There is a park in Midori-machi. Work in pairs and talk about what is in the park.*

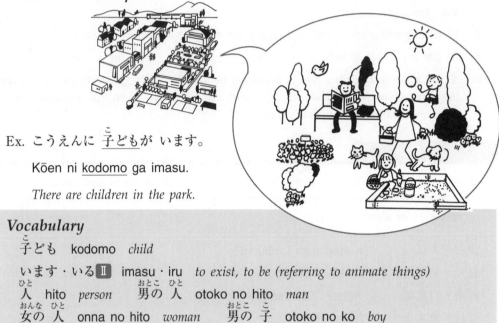

Ex. こうえんに <u>子(こ)どもが</u> います。

Kōen ni <u>kodomo</u> ga imasu.

There are children in the park.

Vocabulary

子(こ)ども　kodomo　*child*

います・いる Ⅱ　imasu・iru　*to exist, to be (referring to animate things)*

人(ひと)　hito　*person*　　男(おとこ)の人(ひと)　otoko no hito　*man*

女(おんな)の人(ひと)　onna no hito　*woman*　　男(おとこ)の子(こ)　otoko no ko　*boy*

女(おんな)の子(こ)　onna no ko　*girl*　　犬(いぬ)　inu　*dog*　　ねこ　neko　*cat*

鳥(とり)　tori　*bird*

Notes

'N_1 *(place)* に N_2 *(animate things)* が います。**N_1** *(place)* **ni** **N_2** *(animate things)* **ga imasu**' *expresses the existence of animate things (people, animals, birds, etc.).*

CD 53

3. *Answer the questions.*

1. へやに だれが いますか。
2. へやに だれが いますか。
3. へやに 何(なに)が ありますか。
4. へやに 何(なに)が ありますか。
5. へやに だれか いますか。だれが いますか。
6. へやに 何(なに)か ありますか。何(なに)が ありますか。

1. Heya ni dare ga imasu ka.
2. Heya ni dare ga imasu ka.
3. Heya ni nani ga arimasu ka.
4. Heya ni nani ga arimasu ka.
5. Heya ni dareka imasu ka. Dare ga imasu ka.
6. Heya ni nanika arimasu ka. Nani ga arimasu ka.

Vocabulary

へや heya *room*　　だれか dareka *anybody*　　何（なに）か nanika *anything*

つくえ tsukue *desk*　　いす isu *chair*

Notes

'なにが ありますか。**Nani ga arimasu ka.**' *is used to ask about the existence of things and means "What is there?"* 'Nanika arimasu ka' *is used to ask if something exists or not and means "Is anything there?" So the reply to this question should be* 'Hai' *("Yes") or* 'Iie' *("No"). It is the same with* 'dare ga' *and* 'dareka.' 'Dare ga imasu ka' *means "Who is there?" and* 'Dareka imasu ka.' *means "Is anybody there?"*

CD 54

4. ***You want to rent an apartment house. You are at the*** **fudōsan-ya**, ***realtor's office, for some information. Work in pairs and ask about the following things. Student A acts as the prospective tenant. He/she asks and marks the items on the checklist. Student B acts as the realtor and answers Student A's questions. Student B should prepare by marking ○ (yes) or × (no) on the checklist before Student A asks.***

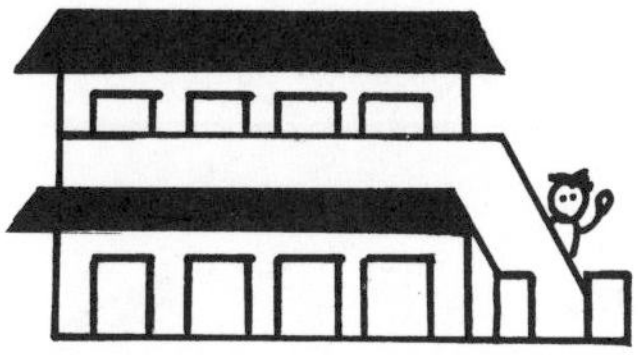

にこにこアパート
Niko-niko Apāto

Ex. A：アパートに 非常口（ひじょうぐち）が ありますか。
B：ええ、あります。／いいえ、ありません。

A: Apāto ni hijōguchi ga arimasu ka.
B: Ē, arimasu./Iie, arimasen.

A: Is there an emergency exit in the apartment?
B: Yes, there is./No, there is not.

Student A (Prospective Tenant)

Checklist	○　×
1. 非常口（ひじょうぐち） hijōguchi	
2. 駐車場（ちゅうしゃじょう） chūshajō	
3. 管理人（かんりにん） kanri-nin	
4. シャワー shawā	
5. エアコン eakon	
6. 台所（だいどころ） daidokoro	
7. おふろ (o-)furo	
8. 家賃（やちん） yachin	円（えん） -en

Student B (Realtor)

Checklist	○　×
1. 非常口（ひじょうぐち） hijōguchi	
2. 駐車場（ちゅうしゃじょう） chūshajō	
3. 管理人（かんりにん） kanri-nin	
4. シャワー shawā	
5. エアコン eakon	
6. 台所（だいどころ） daidokoro	
7. おふろ (o-)furo	
8. 家賃（やちん） yachin	円（えん） -en

8. Kyōshitsu ni dare ga imasu ka.
8. 教室に だれが いますか。

Vocabulary

アパート	apāto	*apartment*	不動産屋(ふどうさんや)	fudōsan-ya	*realtor, real estate agent*
非常口(ひじょうぐち)	hijōguchi	*emergency exit*	駐車場(ちゅうしゃじょう)	chūshajō	*parking lot*
管理人(かんりにん)	kanri-nin	*superintendent*	シャワー	shawā	*shower*
エアコン	eakon	*air-conditioning*	台所(だいどころ)	daidokoro	*kitchen*
(お)ふろ	(o-)furo	*bathtub*	家賃(やちん)	yachin	*house rent*

Information

Words connected with housing

1. 礼金(れいきん) **reikin:** *key money. This is money paid to the landlord and not refundable. Usually two months' rent is required at the time of the contract.*
2. 敷金(しききん) **shikikin:** *deposit money. This money is refundable to the tenant upon leaving the apartment. Two months' rent is usually required.*
3. 洋室(ようしつ) **yōshitsu:** *Western-style room*
4. 和室(わしつ) **washitsu:** *Japanese-style room*
5. 6畳(じょう) **roku-jō:** *six-mat tatami room*

5. *Make a small speech about your house/room.*

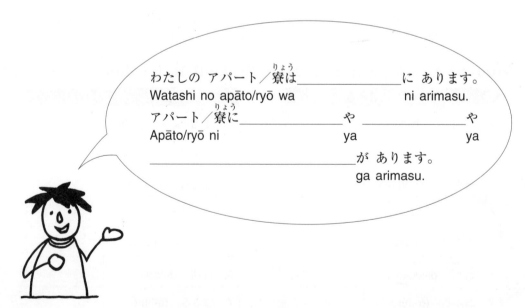

わたしの アパート／寮(りょう)は________________に あります。
Watashi no apāto/ryō wa ________________ ni arimasu.
アパート／寮(りょう)に________________や ________________や
Apāto/ryō ni ________________ ya ________________ ya
________________________________が あります。
________________________________ ga arimasu.

CD 55

6. Work in pairs and ask where the following are as in the example.

Student A

Ask where they are: Helen, Milan, Kim, Tanaka, telephone, copy machine.

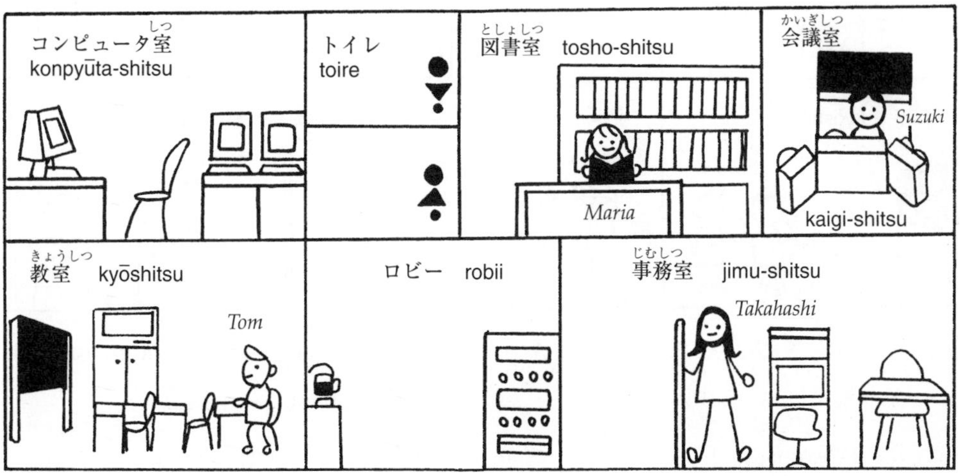

Ex. A：ヘレンさんは どこに いますか。　A: Heren-san wa doko ni imasu ka.

B：ロビーに います。　B: Robii ni imasu.

A: Where is Helen?
B: She is in the lobby.

Vocabulary

コンピュータ室（しつ） konpyūta-shitsu *computer room*　トイレ toire *toilet*
図書室（としょしつ） tosho-shitsu *library*　会議室（かいしぎしつ） kaigi-shitsu *conference room*
教室（きょうしつ） kyōshitsu *classroom*　ロビー robii *lobby*　事務室（じむしつ） jimu-shitsu *office*
自動販売機（じどうはんばいき） jidō-hanbai-ki *vending machine*　コピー機（き） kopii-ki *copy machine*

Student B

Ask where they are: Maria, Takahashi, Suzuki, vending machine, TV.

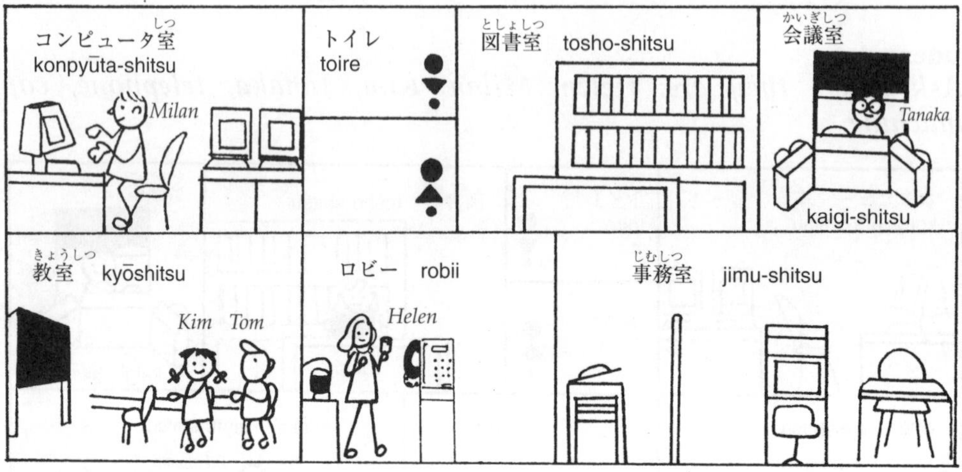

Ex. B：トムさんは どこに いますか。　　B: Tomu-san wa doko ni imasu ka.

A：教室(きょうしつ)に います。　　A: Kyōshitsu ni imasu.

B: Where is Tom?

A: He is in the classroom.

Vocabulary

コンピュータ室(しつ) konpyūta-shitsu *computer room*　トイレ toire *toilet*
図書室(としょしつ) tosho-shitsu *library*　会議室(かいしぎしつ) kaigi-shitsu *conference room*
教室(きょうしつ) kyōshitsu *classroom*　ロビー robii *lobby*　事務室(じむしつ) jimu-shitsu *office*
自動販売機(じどうはんばいき) jidō-hanbai-ki *vending machine*　コピー機(き) kopii-ki *copy machine*

CD 56

7. ***Look at the door signs below and find out where the teacher is now. Choose the correct answer.***

1. 先生(せんせい)は へやに（います，いません）。
2. 先生(せんせい)は 大学(だいがく)に（います，いません）。
3. 先生(せんせい)は 講義室(こうぎしつ)に（います，いません）。

1. Sensei wa heya ni (imasu, imasen).
2. Sensei wa daigaku ni (imasu, imasen).
3. Sensei wa kōgi-shitsu ni (imasu, imasen).

	↓	
1.	在室	不在

		↓
2.	学内	学外

	↓	
3.	帰宅	講義

Vocabulary

在室(ざいしつ) zaishitsu *in*　不在(ふざい) fuzai *out*　学内(がくない) gakunai *on campus*
学外(がくがい) gakugai *off campus*　帰宅(きたく) kitaku *gone home*
講義室(こうぎしつ) kōgi-shitsu *lecture room*

9

郵便局(ゆうびんきょく)は　どこに　ありますか。

Yūbinkyoku wa doko ni arimasu ka.

WHERE IS THE POST OFFICE?

Objectives

Talking about the existence or location of people and things

Structures

1. つくえの　上(うえ)に　何(なに)が　ありますか。
   本(ほん)が　あります。
2. へやの　中(なか)に　だれが　いますか。
   田中(たなか)さんが　います。
3. 郵便局(ゆうびんきょく)は　どこに　ありますか。
   銀行(ぎんこう)の　となりに　あります。
4. モハメドさんは　どこに　いますか。
   留学生(りゅうがくせい)センターの　前(まえ)に　います。

1. Tsukue no ue ni nani ga arimasu ka.
   Hon ga arimasu.
2. Heya no naka ni dare ga imasu ka.
   Tanaka-san ga imasu.
3. Yūbinkyoku wa doko ni arimasu ka.
   Ginkō no tonari ni arimasu.
4. Mohamedo-san wa doko ni imasu ka.
   Ryūgakusei-sentā no mae ni imasu.

1. *What is there on the desk?*
   There is a book.
2. *Who is in the room?*
   Mr. Tanaka is.
3. *Where is the post office?*
   It is next to the bank.
4. *Where is Mohamed?*
   He is in front of the International Student Center.

CD 57

1. *Look at the illustrations and make sentences as in the example.*

Ex.

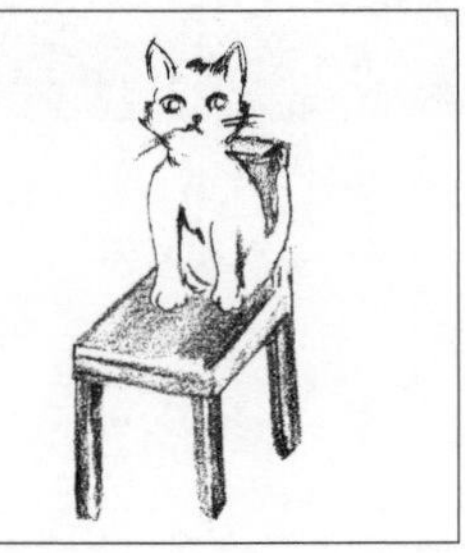

1.

2.

Ex.

いすの 上(うえ)に ねこが います。

Isu no ue ni neko ga imasu.

There is a cat on the chair.

3.

4.

5.

6.

7.

8.

Vocabulary

上(うえ)	ue	*on, above*	下(した)	shita	*under*	中(なか)	naka	*in*
前(まえ)	mae	*in front of*	うしろ	ushiro	*back*	となり	tonari	*next*
よこ	yoko	*next*	近(ちか)く	chikaku	*near*	間(あいだ)	aida	*between*
はこ	hako	*box*	ドア	doa	*door*	白(しろ)い	shiroi	*white*
黒(くろ)い	kuroi	*black*						

Notes

1. N₁の N₂ *(location word)* に～ **N₁ no N₂ *(location word)* ni ～:** *This expression is used to specify the location of things and people.* 'Isu no ue ni' *means "on the chair,"* 'tsukue no shita ni' *means "under the desk," etc.*
2. よこ **yoko** *and* となり **tonari:** *These two correspond to "next" in English. However,* 'tonari' *is used when both objects are the same kind of thing, while* 'yoko' *is generally used when they are different kinds of things.*

CD 58

2. ***You are going to rent your friend's room while he is on his summer vacation. Today you've come to his room, and wow, the room is.... Describe your friend's room to your partner.***

Ex. れいぞうこの 中(なか)に くつが あります。

Reizōko no naka ni kutsu ga arimasu.

There are shoes in the refrigerator.

Vocabulary

れいぞうこ reizōko *refrigerator* くつ下(した) kutsushita *sock(s)*

ベッド beddo *bed* (お)さら (o-)sara *dish*

食器(しょっき)だな shokki-dana *cupboard* テーブル tēburu *table*

ねずみ nezumi *mouse* ごきぶり gokiburi *cockroach*

ごみばこ gomibako *trash box* ゆか yuka *floor*

たくさん takusan *many, much, a lot*

CD 59

3. *Practice the following conversation. Then ask your partner about the location of the items written below. Take turns.*

Ex.　A：すみません、ホッチキスは どこに ありますか。

　　B：つくえの 上(うえ)に ありますよ。

　　A：あ、どうも ありがとう ございます。

A: Sumimasen, hotchikisu wa doko ni arimasu ka.
B: Tsukue no ue ni arimasu yo.
A: A, dōmo arigatō gozaimasu.

A: Excuse me, where is the stapler?
B: It's on the desk.
A: Oh, thank you very much.

Ex. ホッチキス　1. はさみ　2. コピーカード　3. ごみばこ
4. 電池(でんち)　5. ________

Ex. hotchikisu　1. hasami　2. kopii-kādo　3. gomibako
4. denchi　5. ________

Vocabulary

ホッチキス hotchikisu *stapler*　あ a *oh*

どうも ありがとう ございます。 Dōmo arigatō gozaimasu.

Thank you very much. (politer equivalent of 'Arigatō gozaimasu.')

はさみ hasami *scissors*　コピーカード kopii-kādo *photocopy machine card*

ひき出(だ)し hikidashi *drawer*　キャビネット kyabinetto *cabinet*

電池(でんち) denchi *battery*

Notes

よ yo: *a sentence-final particle to indicate the speaker is giving information that he/she thinks is not known to the listener.*

CD 60

4. *Work in pairs and ask the location of the following things. Take turns.*

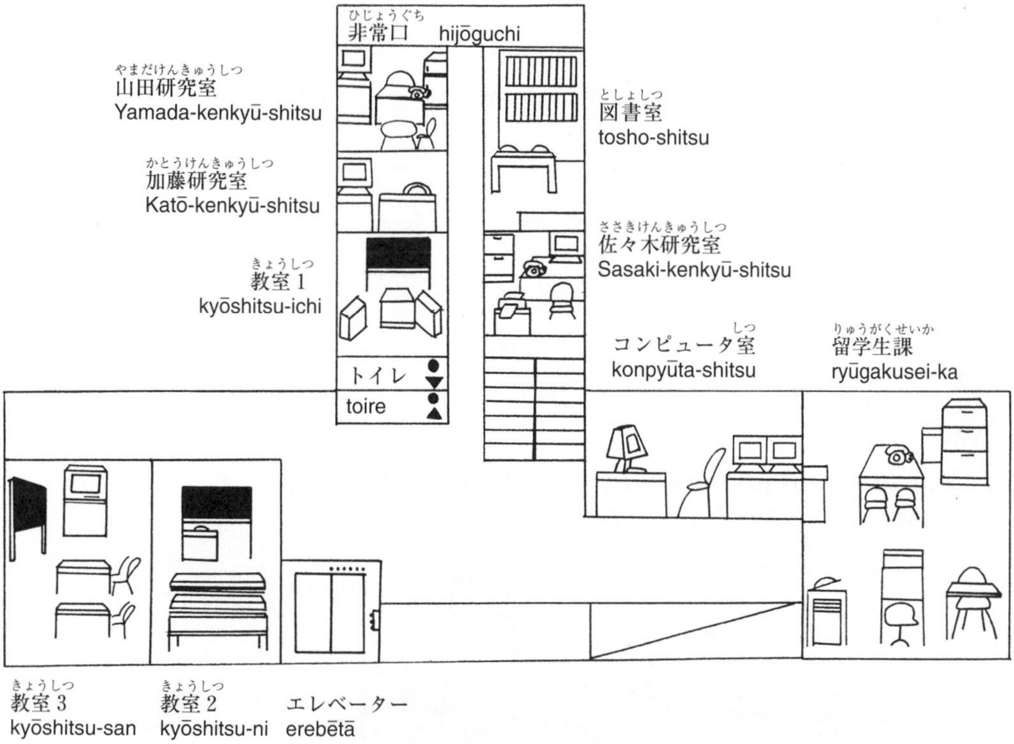

Ex. A：すみません、<u>佐々木先生(ささきせんせい)の へや</u>は どこですか。

B：<u>教室(きょうしつ)1の 前(まえ)</u>です。

A：どうも ありがとう ございます。

A: Sumimasen, <u>Sasaki-sensei no heya</u> wa doko desu ka.
B: <u>Kyōshitsu-ichi no mae</u> desu.
A: Dōmo arigatō gozaimasu.

A: Excuse me, but where is Prof. Sasaki's room?
B: It is in front of Classroom 1.
A: Thank you very much.

Vocabulary

留学生課(りゅうがくせいか) ryūgakusei-ka *foreign student section*

エレベーター erebētā *elevator* かいだん kaidan *stairs*

Notes

どこですか。**Doko desu ka.:** *This expression is used as well as* 'Doko ni arimasu/imasu ka.' *Both are used interchangeably. The answer to this can be either of the following:* 'Kyōshitsu no mae desu.' *or* 'Kyōshitsu no mae ni arimasu/imasu.'

5. *Write the floor where your study room is located.*

- わたしの 研究室(けんきゅうしつ)の 前(まえ)に＿＿＿＿＿＿＿が あります。
  Watashi no kenkyū-shitsu no mae ni ＿＿＿＿ga arimasu.
- ＿＿＿＿＿＿＿＿＿＿＿＿＿＿＿＿＿＿＿＿＿＿
- ＿＿＿＿＿＿＿＿＿＿＿＿＿＿＿＿＿＿＿＿＿＿

CD 61

6. *You are now at the main gate of the university. Answer the questions on the following page.*

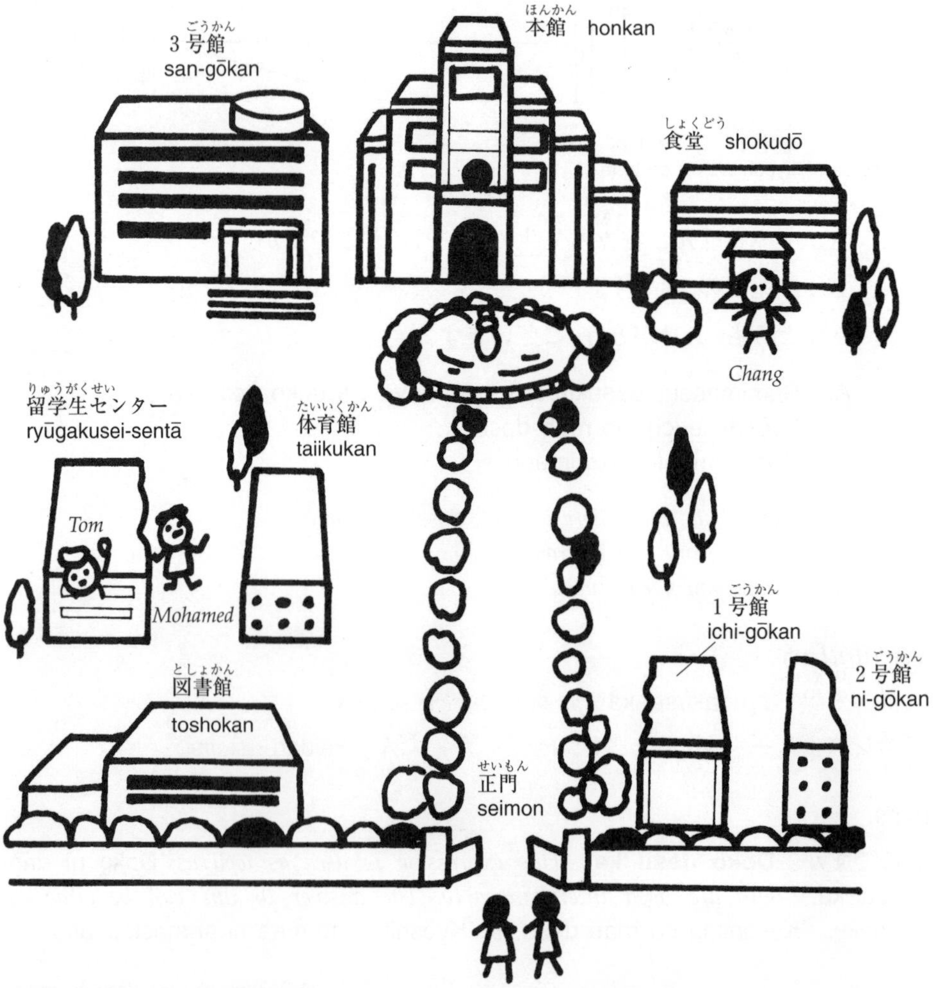

Ex. 1　A：モハメドさんは どこに いますか。

　　　　B：留学生(りゅうがくせい)センターの 前(まえ)に います。

Ex. 2　A：本館(ほんかん)の 左(ひだり)に 何(なに)が ありますか。

　　　　B：３号館(ごうかん)が あります。

A: Mohamedo-san wa doko ni imasu ka.
B: Ryūgakusei-sentā no mae ni imasu.
A: Honkan no hidari ni nani ga arimasu ka.
B: San-gōkan ga arimasu.

A: Where is Mohamed?
B: He is in front of the International Student Center.
A: What is there on the left side of the Main Building.
B: There is Building #3.

1. 食堂(しょくどう)は どこに ありますか。
2. 留学生(りゅうがくせい)センターは どこに ありますか。
3. 本館(ほんかん)の 前(まえ)に 何(なに)が ありますか。
4. 正門(せいもん)の 左(ひだり)に 何(なに)が ありますか。
5. ２号館(ごうかん)は どこに ありますか。
6. 食堂(しょくどう)の 前(まえ)に だれが いますか。
7. トムさんは どこに いますか。

1. Shokudō wa doko ni arimasu ka.
2. Ryūgakusei-sentā wa doko ni arimasu ka.
3. Honkan no mae ni nani ga arimasu ka.
4. Seimon no hidari ni nani ga arimasu ka.
5. Ni-gōkan wa doko ni arimasu ka.
6. Shokudō no mae ni dare ga imasu ka.
7. Tomu-san wa doko ni imasu ka.

Vocabulary

右(みぎ) migi *right*　左(ひだり) hidari *left*　本館(ほんかん) honkan *main building*
食堂(しょくどう) shokudō *cafeteria*　１号館(ごうかん) ichi-gōkan *Building #1*
２号館(ごうかん) ni-gōkan *Building #2*　３号館(ごうかん) san-gōkan *Building #3*
体育館(たいいくかん) taiikukan *gymnasium*
留学生(りゅがくせい)センター ryūgakusei-sentā *International Student Center*
正門(せいもん) seimon *main gate*　池(いけ) ike *pond*　木(き) ki *tree*

10 日本(にほん)へ ロボットの 研究(けんきゅう)に 来(き)ました。

Nihon e robotto no kenkyū ni kimashita.

I CAME TO JAPAN TO STUDY ROBOTS.

Objectives

1. *Expressing reasons for actions*
2. *Giving and receiving*

Structures

1. 日本(にほん)へ 何(なん)の 研究(けんきゅう)に 来(き)ましたか。
   ロボットの 研究(けんきゅう)に 来(き)ました。
2. あした 何(なに)を しますか。
   渋谷(しぶや)へ くつを 買(か)いに 行(い)きます。
3. 友達(ともだち)に 手紙(てがみ)を 書(か)きますか。
   はい、ときどき 書(か)きます。
4. マイクさんは ヘレンさんに 花(はな)を あげました。
   ヘレンさんは マイクさんに 花(はな)を もらいました。

1. Nihon e nan no kenkyū ni kimashita ka.
   Robotto no kenkyū ni kimashita.
2. Ashita nani o shimasu ka.
   Shibuya e kutsu o kai ni ikimasu.
3. Tomodachi ni tegami o kakimasu ka.
   Hai, tokidoki kakimasu.
4. Maiku-san wa Heren-san ni hana o agemashita.
   Heren-san wa Maiku-san ni hana o moraimashita.

1. *What did you come to Japan for?*
   I came here to do research on robots.
2. *What will you do tomorrow?*
   I'll go to Shibuya to buy some shoes.
3. *Do you write to your friends?*
   Yes, I sometimes write.
4. *Mike gave flowers to Helen.*
   Helen received flowers from Mike.

CD 62

1. It is Sunday today. There is no one in the dormitory. Where did they go?

Ex. クマールさんは 買い物(かいもの)に 行(い)きました。

Kumāru-san wa kaimono ni ikimashita. *Mr. Kumar went shopping.*

Ex. クマール *Kumar*, 買い物(かいもの)	Ex. Kumāru, kaimono
1. ヘレン *Helen*, コンサート	1. Heren, konsāto
2. ロナルド *Ronaldo*, ハイキング	2. Ronarudo, haikingu
3. セティアディ *Setiadi*, パーティー	3. Setiadi, pātii
4. モハメド *Mohamed*, 学会(がっかい)	4. Mohamedo, gakkai
5. チャン *Chang*, さんぽ	5. Chan, sanpo

Vocabulary

買い物(かいもの) kaimono *shopping* コンサート konsāto *concert*

ハイキング haikingu *hiking* パーティー pātii *party*

学会(がっかい) gakkai *academic convention* さんぽ sanpo *walking*

Notes

1. に **ni:** *a particle to indicate purpose.*
2. Nに 行(い)きます／来(き)ます／帰(かえ)ります。**N ni ikimasu/kimasu/kaerimasu.:** *This expression indicates movement, or an action for some purpose, and means "to go/come/come back to do something."*

CD 63

2. ***Summer vacation is approaching. Yan, Mike, etc., are talking about their vacation plans. Make sentences of what they will do as in the example.***

Ex. ヤン：わたしは 美術館(びじゅつかん)へ 行(い)きます。えを 見(み)ます。

Yan: Watashi wa bijutsu-kan e ikimasu. E o mimasu.

→ヤンさんは 美術館(びじゅつかん)へ えを 見(み)に 行(い)きます。

Yan-san wa bijutsu-kan e e o mi ni ikimasu.

Yan will go to the museum to look at paintings.

1. チャン：わたしは 山(やま)へ 行(い)きます。
   写真(しゃしん)を とります。

   Chan: Watashi wa yama e ikimasu. Shashin o torimasu.

2. マイク：わたしは ハワイへ 行(い)きます。
   サーフィンを します。

   Maiku: Watashi wa Hawai e ikimasu. Sāfin o shimasu.

3. ミラン：わたしは 沖縄(おきなわ)へ 行(い)きます。
   スキューバダイビングを します。

   Miran: Watashi wa Okinawa e ikimasu.
   Sukyūba-daibingu o shimasu.

4. キム： わたしは イタリアへ 行(い)きます。
   音楽(おんがく)を 聞(き)きます。

   Kimu: Watashi wa Itaria e ikimasu. Ongaku o kikimasu.

5. トム： わたしは タイへ 行(い)きます。
   およぎます。

   Tomu: Watashi wa Tai e ikimasu. Oyogimasu.

Vocabulary

え e *drawing, painting* 山(やま) yama *mountain*

とります・とる(写真(しゃしん)を～) I torimasu・toru (shashin o ～) *to take (a picture)*

ハワイ Hawai *Hawaii* サーフィン sāfin *surfing*

沖縄(おきなわ) Okinawa *Okinawa (name of place)*

スキューバダイビング sukyūba-daibingu *scuba diving*

イタリア Itaria *Italy* タイ Tai *Thailand*

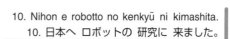

Notes

'N *(place)* へ Vに 行(い)きます／来(き)ます／帰(かえ)ります。**N *(place)* e V ni ikimasu/kimasu/kaerimasu**' *means "to go/come/come back somewhere in order to do ～."*

CD 64

3. What did these people come to Japan for? Talk with your partner referring to the vocabulary list.

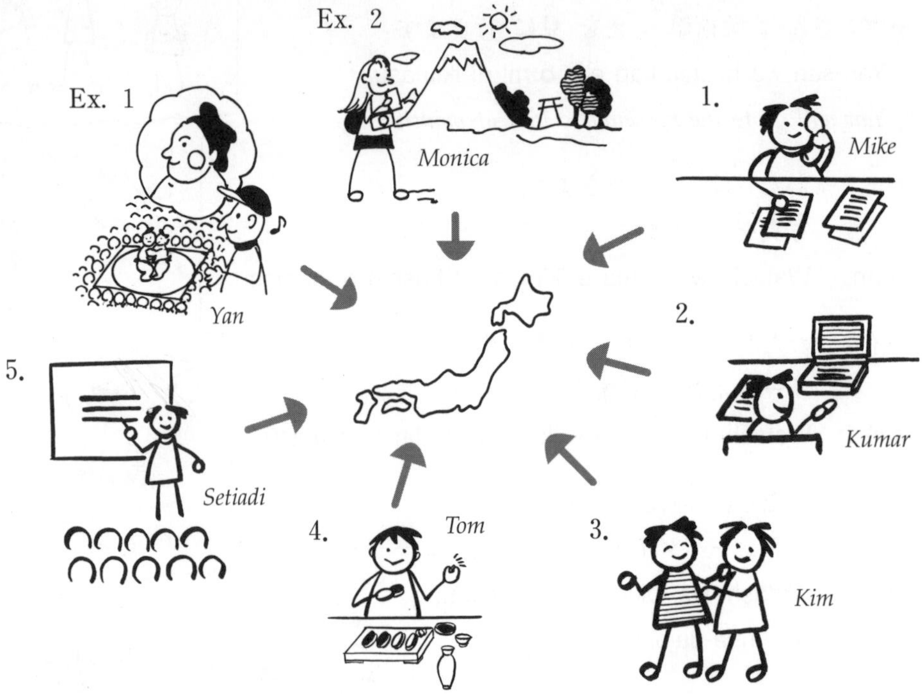

Ex. 1. ヤンさんは 日本(にほん)へ すもうを 見(み)に 来(き)ました。

Ex. 2. モニカさんは 日本(にほん)へ 観光(かんこう)に 来(き)ました。

Yan-san wa Nihon e sumō o mi ni kimashita.
Monika-san wa Nihon e kankō ni kimashita.

Yan came to Japan to see sumo.
Monica came to Japan for sightseeing.

Vocabulary

すもう sumō *sumo (Japanese wrestling)*

観光(かんこう) kankō *sightseeing*

働(はたら)きます・働(はたら)く I hatarakimasu・hataraku *to work* 研究(けんきゅう) kenkyū *research*

会(あ)います・会(あ)う (友達(ともだち)に～) I aimasu・au (tomodachi ni ～) *to meet (a friend)*

発表(はっぴょう) happyō *presentation*

CD 65

4. *Practice the following conversation and then ask your classmates why they came to Japan.*

山本(やまもと)：　日本(にほん)へ 何(なん)の 研究(けんきゅう)に 来(き)ましたか。
ロナルド：ロボットの 研究(けんきゅう)に 来(き)ました。
山本(やまもと)：　そうですか。
ロナルド：来月(らいげつ) 大阪(おおさか)へ 学会(がっかい)の 発表(はっぴょう)に 行(い)きます。

Yamamoto: Nihon e nan no kenkyū ni kimashita ka.
Ronarudo: Robotto no kenkyū ni kimashita.
Yamamoto: Sō desu ka.
Ronarudo: Raigetsu Ōsaka e gakkai no happyō ni ikimasu.

Yamamoto: What did you come to Japan to study?
Ronaldo: I came to Japan to study robots.
Yamamoto: I see.
Ronaldo: I'm going to Osaka to make a presentation at an academic convention next month.

Vocabulary

ロボット　robotto　*robot*　　大阪(おおさか)　Ōsaka　*Osaka (name of place)*

Ask your friends.

1. 日本(にほん)へ 何(なん)の 研究(けんきゅう)に 来(き)ましたか。
2. 学会(がっかい)の 発表(はっぴょう)に 行(い)きますか。どこへ 行(い)きますか。
3. 工場(こうじょう)や 研究所(けんきゅうじょ)の 見学(けんがく)に 行(い)きますか。どこへ 行(い)きますか。

1. Nihon e nan no kenkyū ni kimashita ka.
2. Gakkai no happyō ni ikimasu ka. Doko e ikimasu ka.
3. Kōjō ya kenkyū-jo no kengaku ni ikimasu ka. Doko e ikimasu ka.

Vocabulary

工場(こうじょう)　kōjō　*factory*　　見学(けんがく)　kengaku　*visit some place for study*

10. Nihon e robotto no kenkyū ni kimashita.
10. 日本へ ロボットの 研究に 来ました。

CD 66

5. ***Invite your friend to the following events as in the model conversation.***

Ex. トム：　今度(こんど) いっしょに ビールを 飲(の)みに 行(い)きませんか。

ヘレン：いいですね。行(い)きましょう。

トム：　マリアさんは？

マリア：わたしはちょっと……。

Tomu:	Kondo issho ni biiru o nomi ni ikimasen ka.
Heren:	Ii desu ne. Ikimashō.
Tomu:	Maria-san wa?
Maria:	Watashi wa chotto....

Tom:	*Won't you come drinking sometime?*
Helen:	*Sounds good. Let's go.*
Tom:	*How about you, Maria?*
Maria:	*Well, mm....*

Ex. ビールを 飲(の)みます

1. 映画(えいが)を 見(み)ます　　2. およぎます　　3. ごはんを 食(た)べます
4. ハイキング　　5. スキー

Ex. biiru o nomimasu

1. eiga o mimasu　　2. oyogimasu　　3. gohan o tabemasu
4. haikingu　　5. sukii

Vocabulary

今度(こんど)　kondo　*next time, sometime*　　ごはん　gohan　*meal, rice*

スキー　sukii　*skiing*

CD 67

6. *Choose an appropriate sentence for each picture to complete this "little love story."*

a．ふみやは　さえこに　会(あ)いました。

b．ふみやは　さえこに　電話(でんわ)を　かけました。

c．ふみやは　さえこに　手紙(てがみ)を　書(か)きました。

d．ふみやは　さえこに　メールを　送(おく)りました。

e．ふみやは　さえこに　プレゼントを　あげました。
　　さえこは　ふみやに　プレゼントを　もらいました。

(a)

a. Fumiya wa Saeko ni aimashita.
b. Fumiya wa Saeko ni denwa o kakemashita.
c. Fumiya wa Saeko ni tegami o kakimashita.
d. Fumiya wa Saeko ni mēru o okurimashita.
e. Fumiya wa Saeko ni purezento o agemashita.
   Saeko wa Fumiya ni purezento o moraimashita.

(　　)

(　　)

(　　)

Vocabulary

メール　mēru　*e-mail*　　送(おく)ります・送(おく)る **I**　okurimasu・okuru　*to send*

手紙(てがみ)　tegami　*letter*　　プレゼント　purezento　*present*

かけます・かける（電話(でんわ)を～）**II**　kakemasu・kakeru (denwa o ～)　*to make (a phone call)*

あげます・あげる **II**　agemasu・ageru　*to give*

もらいます・もらう **I**　moraimasu・morau　*to receive*

Notes

1．に **ni:** *a particle to indicate an indirect object. It means "to" or "for" in English. Ex.* 'Tomodachi ni tegami o kakimasu.' *"(I) write a letter to my friend."*

2．に **ni:** *a particle to indicate the source of an action. It means "from" in English.* 'Ni' *is used with the verb* 'moraimasu.' *In the sentence* 'Saeko wa Fumiya ni purezento o moraimashita,' 'Fumiya ni' *means "from Fumiya."*

CD 68

7. Describe who is giving, who is receiving and what is given, referring to the illustrations and the present list.

Ex. ヤンさんは たかはしさんに 花(はな)を あげます。
たかはしさんは ヤンさんに 花(はな)を もらいます。

Yan-san wa Takahashi-san ni hana o agemasu.
Takahashi-san wa Yan-san ni hana o moraimasu.

Present List

紅茶(こうちゃ)	kōcha	コーヒー	kōhii	コーラ	kōra
スパゲッティ	supagettii	花(はな)	hana		

Vocabulary

花(はな) hana *flower*

Review Quiz—Lessons 6-10

Ⅰ. *Fill in the blanks with particles.*

1. 新幹線(しんかんせん)（　　）大阪(おおさか)へ 行(い)きました。
2. 9月10日(がつとおか)（　　）日本(にほん)へ 来(き)ました。
3. すみません、トイレ（　　）どこですか。
4. A：ロビーに だれ（　　）いますか。
   B：いいえ、だれ（　　）いません。
5. ひるごはんを 食(た)べ（　　）行(い)きませんか。
6. きのう 田中(たなか)さん（　　）会(あ)いました。

1. Shinkansen (　　) Ōsaka e ikimashita.
2. Ku-gatsu tōka (　　) Nihon e kimashita.
3. Sumimasen, toire (　　) doko desu ka.
4. A: Robii ni dare (　　) imasu ka.
   B: Iie, dare (　　) imasen.
5. Hiru-gohan o tabe (　　) ikimasen ka.
6. Kinō Tanaka-san (　　) aimashita.

Ⅱ. *Choose the appropriate word from in the parentheses.*

1. ヘレンさんは マイクさんに プレセントを （a．あげました，b．もらいました）。
2. 大学(だいがく)の （a．近(ちか)く，b．となり）に こうばんが あります。
3. はこの （a．中(なか)，b．上(うえ)）に ねこが います。
4. いすの （a．下(した)，b．前(まえ)）に ねこが います。

1. Heren-san wa Maiku-san ni purezento o (a. agemashita, b. moraimashita).
2. Daigaku no (a. chikaku, b. tonari) ni kōban ga arimasu.
3. Hako no (a. naka, b. ue) ni neko ga imasu.
4. Isu no (a. shita, b. mae) ni neko ga imasu.

1.

2.
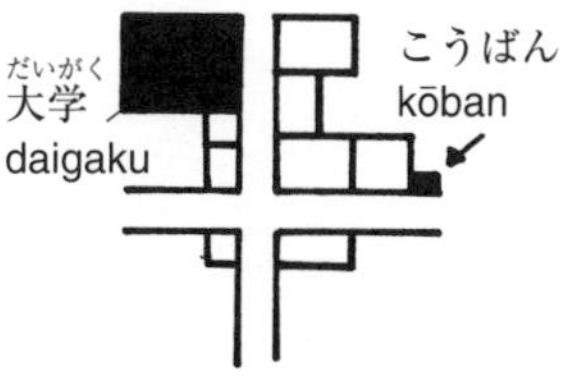

3.

4.

Ⅲ. *Here is a notice for a research trip. Look at it and then answer the following questions.*

● NNT 研究所見学（けんきゅうじょけんがく）

- 10月（がつ）30日（にち）（火曜日（かようび））
- 横浜市（よこはまし）　青葉区（あおばく）
- バス代（だい）　1,000円（えん）

● Enu-enu-tii Kenkyū-jo Kengaku

- Jū-gatsu san-jū-nichi (ka-yōbi)
- Yokohama-shi Aoba-ku
- Basu-dai　sen-en

＊バス代（だい）　basu-dai　*bus fare*

1. いつ NNT 研究所（けんきゅうじょ）へ 行（い）きますか。 ________________
2. NNT 研究所（けんきゅうじょ）は どこに ありますか。 ________________
3. 何（なん）で 行（い）きますか。 ________________
4. 見学（けんがく）は いくらですか。 ________________

1. Itsu Enu-enu-tii Kenkyū-jo e ikimasu ka. ________________
2. Enu-enu-tii Kenkyū-jo wa doko ni arimasu ka. ________________
3. Nan de ikimasu ka. ________________
4. Kengaku wa ikura desu ka. ________________

Ⅳ. *Match the word and the meaning.*

1. もくようび（　）　2. たんじょうび（　）　3. こうじょう（　）
4. おくります（　）　5. きょうしつ（　）　6. はっぴょう（　）
7. かえります（　）　8. ちかてつ（　）　9. あるいて（　）
10. でんしゃ（　）

1. moku-yōbi (　)　2. tanjōbi (　)　3. kōjō (　)　4. okurimasu (　)
5. kyōshitsu (　)　6. happyō (　)　7. kaerimasu (　)
8. chikatetsu (　)　9. aruite (　)　10. densha (　)

a. factory	*b. to send*	*c. Thursday*	*d. classroom*	*e. birthday*
f. on foot	*g. presentation*	*h. train*	*i. to return*	*j. subway*

11 富士山(ふじさん)は きれいな 山(やま)です。

Fuji-san wa kireina yama desu.

MT. FUJI IS A BEAUTIFUL MOUNTAIN.

Objectives

1. *Learning the non-past polite form of adjectives*
2. *Describing things and states using adjectives*

Structures

1. 専門(せんもん)の 研究(けんきゅう)は むずかしいですか。	1. Senmon no kenkyū wa muzukashii desu ka.
はい、むずかしいです。	Hai, muzukashii desu.
いいえ、むずかしくないです。	Iie, muzukashikunai desu.
2. 研究室(けんきゅうしつ)は しずかですか。	2. Kenkyū-shitsu wa shizuka desu ka.
はい、しずかです。	Hai, shizuka desu.
いいえ、しずかでは ありません。	Iie, shizuka dewa arimasen.
3. 日本(にほん)の 生活(せいかつ)は どうですか。	3. Nihon no seikatsu wa dō desu ka.
おもしろいです。	Omoshiroi desu.
4. 寮(りょう)は どうですか。	4. Ryō wa dō desu ka.
便利(べんり)です。	Benri desu.
5. 代々木公園(よよぎこうえん)は どんな こうえんですか。	5. Yoyogi-kōen wa donna kōen desu ka.
広(ひろ)い こうえんです。	Hiroi kōen desu.
6. 京都(きょうと)は どんな 町(まち)ですか。	6. Kyōto wa donna machi desu ka.
きれいな 町(まち)です。	Kireina machi desu.

1. *Is your research difficult?*
   Yes, it is./No, it isn't.
2. *Is your study room quiet?*
   Yes, it is./No, it isn't.
3. *How is your life in Japan?*
   It is interesting.
4. *How is your dormitory?*
   It is convenient.
5. *What kind of park is Yoyogi Koen?*
   It is a spacious park.
6. *What kind of town is Kyoto?*
   It is a beautiful town.

CD 69

Adjectives

1. 大(おお)きい ōkii *big*
2. 小(ちい)さい chiisai *small*
3. 新(あたら)しい atarashii *new*
4. 古(ふる)い furui *old*
5. 高(たか)い takai *expensive, tall, high*
6. 安(やす)い yasui *cheap*
7. いい ii *good*
8. 悪(わる)い warui *bad*
9. おいしい oishii *delicious*
10. まずい mazui *bad-tasting*
11. 長(なが)い nagai *long*
12. 短(みじか)い mijikai *short*
13. 広(ひろ)い hiroi *wide*
14. せまい semai *narrow*
15. むずかしい muzukashii *difficult*
16. やさしい yasashii *easy*
17. おもしろい omoshiroi *interesting*
18. つまらない tsumaranai *dull, boring*
19. 楽(たの)しい tanoshii *enjoyable*
20. いそがしい isogashii *busy*
21. あまい amai *sweet*
22. からい karai *spicy, hot*
23. 暑(あつ)い atsui *hot (referring to temperature)*
24. 寒(さむ)い samui *cold (referring to temperature)*
25. 熱(あつ)い atsui *hot (referring to touch)*
26. つめたい tsumetai *cold (referring to touch)*
27. あたたかい atatakai *warm*
28. すずしい suzushii *cool*
29. きたない kitanai *dirty*
30. ひま(な) hima(na) *free (time)*
31. きれい(な) kirei(na) *beautiful*
32. にぎやか(な) nigiyaka(na) *lively*
33. しずか(な) shizuka(na) *quiet*
34. 有名(ゆうめい)(な) yūmei(na) *famous*
35. 便利(べんり)(な) benri(na) *convenient*
36. 元気(げんき)(な) genki(na) *fine, healthy*
37. 親切(しんせつ)(な) shinsetsu(na) *kind*
38. 大変(たいへん)(な) taihen(na) *hard*

Non-Past Polite Form of Adjectives

		Non-past
i-Adj.	Aff.	この 本(ほん)は おもしろいです。 *This book is interesting.* Kono hon wa omoshiroi desu.
	Neg.	この 本(ほん)は おもしろくないです。*This book isn't interesting.* Kono hon wa omoshirokunai desu.
	+Noun	これは おもしろい 本(ほん)です。 *This is an interesting book.* Kore wa omoshiroi hon desu.
na-Adj.	Aff.	まさおくんは 元気(げんき)です。 *Masao is energetic.* Masao-kun wa genki desu.
	Neg.	まさおくんは 元気(げんき)では ありません。 *Masao is not energetic.* Masao-kun wa genki dewa arimasen.
	+Noun	まさおくんは 元気(げんき)な 子(こ)どもです。 *Masao is an energetic boy.* Masao-kun wa genkina kodomo desu.

Notes

1. *Adjectives are used as predicates and noun modifiers. They are divided into two types: i-Adjectives and na-Adjectives. They inflect as shown on the previous page.*
2. *The negative form of* 'ii desu' *is* 'yokunai desu.'

1. Referring to the pictures in the Appendices, practice the adjectives in their non-past forms.

CD 70

2. Make sentences referring to the following illustrations.

Ex. ふみやくんの かばんは 大(おお)きいです。 ふみやくんの かばんは 小(ちい)さくないです。
まさおくんの かばんは 小(ちい)さいです。 まさおくんの かばんは 大(おお)きくないです。

Fumiya-kun no kaban wa ōkii desu
Masao-kun no kaban wa chiisai desu.

Fumiya-kun no kaban wa chiisakunai desu.
Masao-kun no kaban wa ōkikunai desu.

Fumiya's bag is big.
Masao's bag is small.

Fumiya's bag is not small.
Masao's bag is not big.

Vocabulary

～くん　～kun　*(suffix often add to a boy's name)*
ズボン　zubon　*trousers*　　セーター　sētā　*sweater*
てんすう　tensū　*mark, score*

CD 71

3. *Practice the conversation.*

木村(きむら)：　ヘレンさんの 研究(けんきゅう)は むずかしいですか。

ヘレン：はい、むずかしいです。

　　　　でも、とても おもしろいです。

木村(きむら)：　実験(じっけん)は 大変(たいへん)ですか。

ヘレン：いいえ、実験(じっけん)は あまり 大変(たいへん)では

　　　　ありません。

　　　　でも、発表(はっぴょう)は 大変(たいへん)です。

木村(きむら)：　そうですか。日本(にほん)の 生活(せいかつ)は どうですか。

ヘレン：楽(たの)しいです。食(た)べ物(もの)も おいしいです。

Kimura: Heren-san no kenkyū wa muzukashii desu ka.
Heren: Hai, muzukashii desu.
　　　Demo, totemo omoshiroi desu.
Kimura: Jikken wa taihen desu ka.
Heren: Iie, jikken wa amari taihen dewa arimasen.
　　　Demo, happyō wa taihen desu.
Kimura: Sō desu ka. Nihon no seikatsu wa dō desu ka.
Heren: Tanoshii desu. Tabemono mo oishii desu.

Kimura: Is your research difficult, Helen?
Helen: Yes, it is, but it's very interesting.
Kimura: Are the experiments hard?
Helen: No, they aren't, but the presentations are hard.
Kimura: I see. How is your life in Japan?
Helen: It's fun. The food is delicious, too.

Vocabulary

とても　totemo　*very much*　　実験(じっけん)　jikken　*experiment*

あまり～では ありません／くないです　amari ～ dewa arimasen/kunai desu　*not ～ so much*

生活(せいかつ)　seikatsu　*life*　　食(た)べ物(もの)　tabemono　*food*

でも　demo　*but, however*　　どう　dō　*how*

Notes

～は どうですか ～wa dō desu ka: *This is an expression used to make a suggestion or ask someone's impression, and means "How about ～?" or "How is ～?"*

CD 72

4. Ask your classmates about two of the following topics as in the example.

Ex. <u>研究(けんきゅう)は</u> どうですか。 <u>Kenkyū</u> wa dō desu ka. *How is your research?*

Topics	さん -san	さん -san	さん -san

Topics

Ex. 研究(けんきゅう)　1. 日本(にほん)の 生活(せいかつ)　2. 日本(にほん)の 食(た)べ物(もの)　3. 日本語(にほんご)の 勉強(べんきょう)

Ex. kenkyū　1. Nihon no seikatsu　2. Nihon no tabemono　3. Nihon-go no benkyō

CD 73

5. Ask your partner the following questions and let him/her choose one of the three options or put your own choice if necessary.

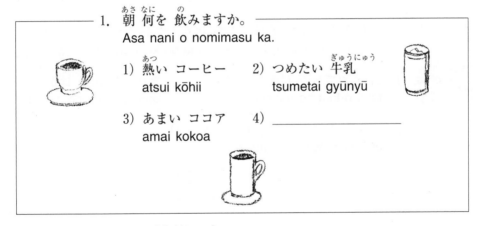

1. 朝(あさ) 何(なに)を 飲(の)みますか。
Asa nani o nomimasu ka.

1) 熱(あつ)い コーヒー
atsui kōhii

2) つめたい 牛乳(ぎゅうにゅう)
tsumetai gyūnyū

3) あまい ココア
amai kokoa

4) ____________

2. 夜(よる) 何(なに)を 読(よ)みますか。
Yoru nani o yomimasu ka.

1) むずかしい 本(ほん)
muzukashii hon

2) おもしろい 本(ほん)
omoshiroi hon

3) 長(なが)い 論文(ろんぶん)
nagai ronbun

4) ____________

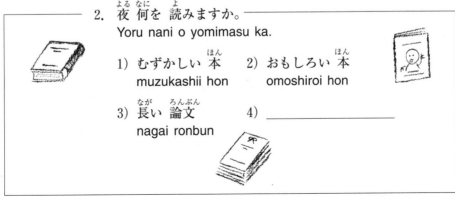

3. 日曜日(にちようび) どこへ 行(い)きますか。
Nichi-yōbi doko e ikimasu ka.

1) しずかな 所(ところ)
shizukana tokoro

2) にぎやかな 所(ところ)
nigiyakana tokoro

3) きれいな 所(ところ)
kireina tokoro

4) ＿＿＿＿＿＿＿＿

4. 恋人(こいびと)の 誕生日(たんじょうび)に 何(なに)を 買(か)いますか。
Koibito no tanjōbi ni nani o kaimasu ka.

1) きれいな 花(はな)
kireina hana

2) おいしい ケーキ
oishii kēki

3) 高(たか)い 香水(こうすい)
takai kōsui

4) ＿＿＿＿＿＿＿＿

5. 国(くに)の 友達(ともだち)に どんな えはがきを 送(おく)りますか。
Kuni no tomodachi ni donna ehagaki o okurimasu ka.

1) 古(ふる)い おてらの はがき
furui o-tera no hagaki

2) きれいな 山(やま)の はがき
kireina yama no hagaki

3) 大(おお)きい おすもうさんの はがき
ōkii osumōsan no hagaki

4) ＿＿＿＿＿＿＿＿

Vocabulary

ココア kokoa *cocoa*　所(ところ) tokoro *place*
恋人(こいびと) koibito *boyfriend, girlfriend*　ケーキ kēki *cake*
香水(こうすい) kōsui *perfume*　どんな～ donna ～ *what kind of* ～
えはがき ehagaki *picture postcard*　(お)てら (o-)tera *temple*
はがき hagaki *postcard*　おすもうさん osumōsan *sumo wrestler*

CD 74

6. ***Choose one of the following questions and ask five of your classmates. Make a brief presentation based on the result.***

Q	さん -san	さん -san	さん -san	さん -san	さん -san
A					

Q1. 研究室(けんきゅうしつ)で いつも いそがしい 人(ひと)は だれですか。
Q2. 日本(にほん)で きれいな 所(ところ)は どこですか。
Q3. 日本(にほん)の 生活(せいかつ)で 便利(べんり)な 物(もの)は 何(なん)ですか。
Q4. 日本(にほん)で おいしい 食(た)べ物(もの)は 何(なん)ですか。
Q5. 日本(にほん)の テレビで おもしろい ばんぐみは 何(なん)ですか。

Q1. Kenkyū-shitsu de itsumo isogashii hito wa dare desu ka.
Q2. Nihon de kireina tokoro wa doko desu ka.
Q3. Nihon no seikatsu de benrina mono wa nan desu ka.
Q4. Nihon de oishii tabemono wa nan desu ka.
Q5. Nihon no terebi de omoshiroi bangumi wa nan desu ka.

Vocabulary

物(もの) mono *thing*　　ばんぐみ bangumi *program*

Notes

で **de:** *a particle to indicate a category. It is equivalent to "in" or "among" in English.*

11. Fuji-san wa kireina yama desu.
11. 富士山は きれいな 山です。

発表 Happyō

わたしは ＿＿＿に ついて 友達に 聞きました。
Watashi wa ＿＿ni tsuite tomodachi ni kikimashita.

その けっかを 発表します。
Sono kekka o happyō-shimasu.

1. ＿＿＿＿＿さんの 答えは＿＿＿＿＿＿＿＿＿＿＿＿＿です。
   -san no kotae wa desu.

2. ＿＿＿＿＿さんの 答えは＿＿＿＿＿＿＿＿＿＿＿＿＿です。
   -san no kotae wa desu.

3. ＿＿＿＿＿さんの 答えは ＿＿＿＿＿＿＿＿＿＿＿＿＿です。
   -san no kotae wa desu.

4. ＿＿＿＿＿さんの 答えは＿＿＿＿＿＿＿＿＿＿＿＿＿です。
   -san no kotae wa desu.

5. ＿＿＿＿＿さんの 答えは＿＿＿＿＿＿＿＿＿＿＿＿＿です。
   -san no kotae wa desu.

以上です。
Ijō desu.

これで 発表を 終わります。
Korede happyō o owarimasu.

Vocabulary

〜に ついて 〜 ni tsuite *concerning* 〜
聞きます・聞く（友達に〜）I kikimasu・kiku（tomodachi ni 〜） *to ask (a friend)*
その sono *the* けっか kekka *result*
発表します・発表する III happyō-shimasu・happyō-suru *to make a presentation*
答え kotae *answer* 以上です。 Ijō desu. *That's all.*
これで korede *for now* 終わります・終わる I owarimasu・owaru *to end*

Notes

'その **sono**' *means "the" in English. It is used when the information said by the speaker is new to the hearer.*

CD 75

7. *Practice the conversation and talk about Prague with your partner.*

田中（たなか）：　チェコの 首都（しゅと）は どこですか。

ミラン：プラハです。

田中（たなか）：　プラハは どんな 町（まち）ですか。

ミラン：きれいな 町（まち）です。

田中（たなか）：　何（なに）が ありますか。

ミラン：川（かわ）や はしや おしろが あります。
古（ふる）い 建物（たてもの）も たくさん あります。

田中（たなか）：　何（なに）が おいしいですか。

ミラン：ビールが おいしいです。
田中（たなか）さん、ぜひ 一度（いちど） プラハへ 来（き）て ください。

Tanaka: Cheko no shuto wa doko desu ka.
Miran: Puraha desu.
Tanaka: Puraha wa donna machi desu ka.
Miran: Kireina machi desu.
Tanaka: Nani ga arimasu ka.
Miran: Kawa ya hashi ya o-shiro ga arimasu.
Furui tatemono mo takusan arimasu.
Tanaka: Nani ga oishii desu ka.
Miran: Biiru ga oishii desu.
Tanaka-san, zehi ichido Puraha e kite kudasai.

Tanaka: What is the capital of the Czech Republic?
Milan: It's Prague.
Tanaka: What kind of city is Prague?
Milan: It's a beautiful city.
Tanaka: What is there (in Prague)?
Milan: There is a river, bridges, castles and so on. There are also many old buildings.
Tanaka: What is delicious there?
Milan: Beer is. Mr. Tanaka, please be sure to come to Prague.

Vocabulary

チェコ Cheko *Czeck Republic* 首都（しゅと） shuto *capital*
プラハ Puraha *Prague* 町（まち） machi *town* 川（かわ） kawa *river*
はし hashi *bridge* （お）しろ (o-)shiro *castle*
建物（たてもの） tatemono *building* ぜひ zehi *by all means*
一度（いちど） ichido *once* 来（き）て ください。 Kite kudasai. *Please come.*

Notes

が **ga:** *Questions using such interrogative words as* 'nani' *"what,"* 'dare' *"who,"* 'itsu' *"when," etc., are marked by* 'ga,' *never by* 'wa.' *Ex.* 'Nihon-ryōri de nani <u>ga</u> oishii desu ka.' *"What is delicious among Japanese dishes?"* 'Dare <u>ga</u> kimasu ka.' *"Who will come?"*
The subjects in the answers are also marked by 'ga.' *Ex.* 'Sukiyaki <u>ga</u> oishii desu.' *"Sukiyaki is delicious."* 'Tanaka-san <u>ga</u> kimasu.' *"Mr. Tanaka will come."*

8. *What is your country/town like? What is there in your country? What is your country famous for? Please make a short speech about your country/town to the class.*

わたしの 国(くに)は ______________________________です。
Watashi no kuni wa ______________________________ desu.

首都(しゅと)は ______________________________です。
Shuto wa ______________________________ desu.

________________や ___________________________が あります。
________________ ya ___________________________ ga arimasu.

________________が きれいです。／有名(ゆうめい)です。
________________ ga kirei desu/yūmei desu.

________________が おいしいです。
________________ ga oishii desu.

ぜひ 一度(いちど) 来(き)て ください。
Zehi ichido kite kudasai.

12 旅行(りょこう)は　どうでしたか。

Ryokō wa dō deshita ka.

HOW WAS YOUR TRIP?

Objectives

1. *Learning the past-tense polite form of adjectives and nouns*
2. *Expressing impressions on past events*

Structures

1. 旅行(りょこう)は　おもしろかったですか。
   はい、おもしろかったです。
2. 実験(じっけん)は　大変(たいへん)でしたか。
   はい、大変(たいへん)でした。
3. 北海道(ほっかいどう)は　いい　天気(てんき)でしたか。
   はい、いい　天気(てんき)でした。
4. 旅行(りょこう)は　どうでしたか。
   楽(たの)しかったです。
   海(うみ)が　きれいでした。

1. Ryokō wa omoshirokatta desu ka.
   Hai, omoshirokatta desu.
2. Jikken wa taihen deshita ka.
   Hai, taihen deshita.
3. Hokkaidō wa ii tenki deshita ka.
   Hai, ii tenki deshita.
4. Ryokō wa dō deshita ka.
   Tanoshikatta desu.
   Umi ga kirei deshita.

1. *Was your trip interesting?*
   Yes, it was interesting.
2. *Was the experiment hard?*
   Yes, it was hard.
3. *Was the weather good in Hokkaido?*
   Yes, it was good.
4. *How was your trip?*
   It was enjoyable.
   The sea was beautiful.

Past Tense Polite Form of i-Adjectives

i-Adj.	Past	
	Affirmative	Negative
busy	いそがしかったです isogashikatta desu	いそがしくなかったです isogashikunakatta desu
big	おおきかったです ōkikatta desu	おおきくなかったです ōkikunakatta desu
good	よかったです yokatta desu	よくなかったです yokunakatta desu

Past Tense Polite Form of na-Adjectives

na-Adj.	Past	
	Affirmative	Negative
healthy	げんきでした genki deshita	げんきでは ありませんでした genki dewa arimasendeshita
free (time)	ひまでした hima deshita	ひまでは ありませんでした hima dewa arimasendeshita

Past Tense Polite Form of Noun Sentences

Noun	Past	
	Affirmative	Negative
seminar	ゼミでした zemi deshita	ゼミでは ありませんでした zemi dewa arimasendeshita
student	がくせいでした gakuksei deshita	がくせいでは ありませんでした gakusei dewa arimasendeshita

1. *Practice conjugating the past tense of adjectives referring to the pictures in the Appendices.*

2. *Complete the following chart.*

		Non-past		Past	
		Aff.	Neg.	Aff.	Neg.
i-Adj.	*high*	たかいです			たかくなかったです
	interesting	おもしろいです	おもしろくないです		
na-Adj.	*hard*	たいへんです		たいへんでした	
	beautiful, clean	きれいです			きれいではありませんでした
N.S.	*rain*	あめです	あめではありません		

		Non-past		Past	
		Aff.	Neg.	Aff.	Neg.
i-Adj.	*high*	takai desu			takakunakatta desu
	interesting	omoshiroi desu	omoshirokunai desu		
na-Adj.	*hard*	taihen desu		taihen deshita	
	beautiful, clean	kirei desu			kirei dewa arimasendeshita
N.S.	*rain*	ame desu	ame dewa arimasen		

CD 76

3. *Make sentences as in the examples.*

Ex. 1. パーティー，楽(たの)しい→パーティーは 楽(たの)しかったです。
Ex. 2. 実験(じっけん)，大変(たいへん)→実験(じっけん)は 大変(たいへん)でした。
Ex. 3. きのう，いい 天気(てんき)→きのうは いい 天気(てんき)でした。

pātii, tanoshii → Pātii wa tanoshikatta desu.
jikken, taihen → Jikken wa taihen deshita.
kinō, ii tenki → Kinō wa ii tenki deshita.

party, enjoyable → The party was enjoyable.
experiment, hard → The experiment was hard.
yesterday, fine weather → It was fine yesterday.

1. 発表(はっぴょう), むずかしい　2. 試験(しけん), かんたん　3. 家族(かぞく), 元気(げんき)
4. この カメラ, 高(たか)い　5. きのう, 暑(あつ)い　6. おととい, 雨(あめ)
7. 1ドル, 100円(えん)　8. ________, ________

1. happyō, muzukashii　2. shiken, kantan　3. kazoku, genki
4. kono kamera, takai　5. kinō, atsui　6. ototoi, ame
7. ichi-doru, hyaku-en　8. ________, ________

Vocabulary

試験(しけん) shiken *examination*　かんたん(な) kantan(na) *easy*

CD 77

4. Work in pairs and ask questions as in the example.

Ex. A：きのうは いそがしかったですか。
B：はい、いそがしかったです。／
いいえ、いそがしくなかったです。

A: Kinō wa isogashikatta desu ka.
B: Hai, isogashikatta desu./
Iie, isogashikunakatta desu.

A: Were you busy yesterday?
B: Yes, I was./No, I was not.

Ex. きのう, いそがしい　1. きのうの 晩(ばん)ごはん, おいしい
2. 週末(しゅうまつ), 楽(たの)しい　3. 大学(だいがく)の 先生(せんせい), きびしい
4. 大学(だいがく)の せいせき, いい　5. 発表(はっぴょう)の じゅんび, 大変(たいへん)
6. おととい, ひま

Ex. kinō, isogashii　1. kinō no ban-gohan, oishii
2. shūmatsu, tanoshii　3. daigaku no sensei, kibishii
4. daigaku no seiseki, ii　5. happyō no junbi, taihen
6. ototoi, hima

Vocabulary

週末(しゅうまつ) shūmatsu *weekend*　きびしい kibishii *strict*
せいせき seiseki *school record*　じゅんび junbi *preparation*

CD 78

5. ***During the vacation, Ronaldo went to Okinawa and Mr. Tanaka went to Hokkaido. Practice the conversation and talk with your partner about any trips you have taken in Japan.***

田中：　旅行は どうでしたか。
ロナルド：楽しかったです。海が とても きれいでした。
田中：　そうですか。
ロナルド：天気も よかったです。
　魚も おいしかったです。
　そして、ホテルの 人も 親切でした。
田中：　そうですか。いい 旅行でしたね。
ロナルド：田中さんは？
田中：　わたしの 旅行も 楽しかったです。
　スキーが とても おもしろかったです。
　けしきも とても きれいでした。
　今度 いっしょに 行きましょう。

Tanaka:	Ryokō wa dō deshita ka.
Ronarudo:	Tanoshikatta desu. Umi ga totemo kirei deshita.
Tanaka:	Sō desu ka.
Ronarudo:	Tenki mo yokatta desu. Sakana mo oishikatta desu. Soshite, hoteru no hito mo shinsetsu deshita.
Tanaka:	Sō desu ka. Ii ryokō deshita ne.
Ronarudo:	Tanaka-san wa?
Tanaka:	Watashi no ryokō mo tanoshikatta desu. Sukii ga totemo omoshirokatta desu. Keshiki mo totemo kirei deshita. Kondo issho ni ikimashō.

Tanaka:	*How was your trip?*
Ronaldo:	*It was enjoyable. The sea was very beautiful.*
Tanaka:	*Really?*
Ronaldo:	*The weather was also fine.* *The fish was also delicious.* *The people working at the hotel were kind, too.*
Tanaka:	*I see. You had a nice trip.*
Ronaldo:	*How about you, Mr. Tanaka?*
Tanaka:	*My trip was also enjoyable.* *Skiing was very interesting.* *The scenery was beautiful, too.* *Let's go together some time.*

Talk to each other.

1. 日本(にほん)で どこかへ 旅行(りょこう)に 行(い)きましたか。
2. どうでしたか。

1. Nihon de dokoka e ryokō ni ikimashita ka.
2. Dō deshita ka.

Vocabulary

天気(てんき) tenki *weather* そして soshite *and (used to connect sentences)*
ホテル hoteru *hotel* けしき keshiki *scenery*
どこか dokoka *anywhere*

Notes

Nは どうでしたか。**N wa dō deshita ka.:** *This expression is used to ask someone's impression of something they have experienced. It means "How was N?"*

CD 79

6. *Make a one-minute speech about a memorable trip you have taken.*

わたしは______年(ねん)______月(がつ)に__________へ 行(い)きました。
Watashi wa -nen -gatsu ni e ikimashita.

その 旅行(りょこう)は____________________。
Sono ryokō wa

天気(てんき)は____________________。
Tenki wa

____________________を 見(み)ました。
o mimashita.

____________________を 食(た)べました。
o tabemashita.

そして、____________________。
Soshite,

これで わたしの スピーチを 終(お)わります。
Korede watashi no supiichi o owarimasu.

Vocabulary

スピーチ supiichi *speech*

7. *Describe freely a special day you have had, giving your impression of the events.*

My Special Day

13

週末(しゅうまつ)に 何(なに)を したいですか。

Shūmatsu ni nani o shitai desu ka.

WHAT DO YOU WANT TO DO ON THE WEEKEND?

Objectives

1. *Expressing what you want*
2. *Describing an attribute of the topic of a sentence*

Structures

1. 何(なに)が ほしいですか。
   新(あたら)しい コンピュータが ほしいです。
2. 週末(しゅうまつ)に 何(なに)を したいですか。
   ゆっくり 休(やす)みたいです。
3. 日本(にほん)は 山(やま)が 多(おお)いです。

1. Nani ga hoshii desu ka.
   Atarashii konpyūta ga hoshii desu.
2. Shūmatsu ni nani o shitai desu ka.
   Yukkuri yasumitai desu.
3. Nihon wa yama ga ōi desu.

1. *What do you want?*
   I want a new computer.
2. *What do you want to do on the weekend?*
   I want to rest.
3. *There are many mountains in Japan.*

CD 80

1. *Look at the pictures and say what you want in the following situations, referring to the words in the box.*

Ex. わたしは <u>コート</u>が ほしいです。

Watashi wa <u>kōto</u> ga hoshii desu.

I want a coat.

Vocabulary

コート kōto *coat*

ほしい hoshii *to want*

めがね megane *glasses*

(お)金(かね) (o-)kane *money*

ガールフレンド gāru-furendo *girlfriend*

ボーイフレンド bōi-furendo *boyfriend*

時間(じかん) jikan *time*

Notes

Nが ほしいです。**N ga hoshii desu.:** *This is an expression used to indicate what the speaker wants. It means "want N."* 'Hoshii desu' *is inflected like an i-Adj.*

	Non-past		Past	
	Affirmative	Negative	Affirmative	Negative
to want	ほしいです hoshii desu	ほしくないです hoshikunai desu	ほしかったです hoshikatta desu	ほしくなかったです hoshikunakatta desu

CD 81

2. ***Work in pairs and ask your partner what he/she wants. After asking each other, write the top five items that all your classmates most want.***

Ex. A：Bさんは 今(いま) 何(なに)が ほしいですか。

B：わたしは 新(あたら)しい コンピュータが ほしいです。

A：そうですか。ほかに 何(なに)が ほしいですか。

B：カメラが ほしいです。

A：そうですか。

A: B-san wa ima nani ga hoshii desu ka.
B: Watashi wa atarashii konpyūta ga hoshii desu.
A: Sō desu ka. Hokani nani ga hoshii desu ka.
B: Kamera ga hoshii desu.
A: Sō desu ka.

A: What do you want, B-san?
B: I want a new computer.
A: I see. What else do you want?
B: I want a camera.
A: I see.

Vocabulary

ほかに hokani *anything else*　　コンピュータ konpyūta *computer*

Write down what you and your classmates want.

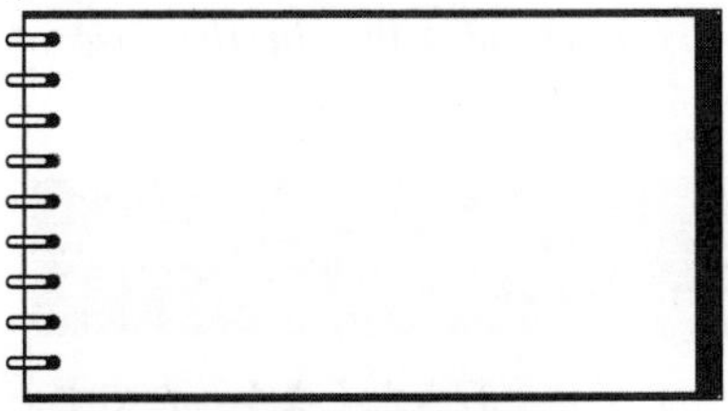

The top 5 in our class:

1. ____________________
2. ____________________
3. ____________________
4. ____________________
5. ____________________

Information

The five items Japanese people most want to have:

1. DVD レコーダー・ハードディスクレコーダー	1. diibuidii-rekōdā, hādodisuku-rekōdā *DVD recorder, hard disk recorder*
2. 液晶(えきしょう)テレビ	2. ekishō-terebi *LCD (liquid crystal display) TV*
3. ノートパソコン	3. nōto-pasokon *notebook PC/computer*
4. デジタルカメラ	4. dejitaru-kamera *digital camera*
5. デスクトップパソコン	5. desukutoppu-pasokon *desktop PC/computer*

(http://www.markth.jp)

CD 82

3. *Ask your friends what they would like to do on the weekend.*

Ex. A：週末(しゅうまつ)に 何(なに)を したいですか。

B：買(か)い物(もの)に 行(い)きたいです。

A: Shūmatsu ni nani o shitai desu ka.
B: Kaimono ni ikitai desu.

A: What would you like to do on the weekend?
B: I'd like to go shopping.

Ex. 買(か)い物(もの)に 行(い)きます

1. 映画(えいが)を 見(み)ます
2. 友達(ともだち)に 会(あ)います
3. 本(ほん)を 読(よ)みます
4. ゆっくり 休(やす)みます
5. 家族(かぞく)に 電話(でんわ)を かけます

Ex. kaimono ni ikimasu

1. eiga o mimasu
2. tomodachi ni aimasu
3. hon o yomimasu
4. yukkuri yasumimasu
5. kazoku ni denwa o kakemasu

Vocabulary

ゆっくり yukkuri *leisurely*
休(やす)みます・休(やす)む I yasumimasu・yasumu *to rest*

Notes

1. Vたいです。**V tai desu.:** *This expresses the speaker's desire to do something. It means "want to V."* 'V tai desu' *is inflected like an i-Adj.*
2. *The particle* 'に ni' *can be omitted after* 'shūmatsu' *("weekend") like in the case of the days of the week (cf. L. 6, L. 7).*

	Non-past		Past	
	Affirmative	Negative	Affirmative	Negative
to want to go	行(い)きたいです ikitai desu	行(い)きたくないです ikitakunai desu	行(い)きたかったです ikitakatta desu	行(い)きたくなかったです ikitakunakatta desu

CD 83

4. ***Practice the following conversation. Then make questions in the chart on the next page and put your and your classmate's answers in it.***

木村(きむら)：　日本(にほん)の 生活(せいかつ)は 楽(たの)しいですか。
セルゲイ：はい、とても 楽(たの)しいです。
木村(きむら)：　日本(にほん)で どこへ 行(い)きたいですか。
セルゲイ：京都(きょうと)へ 行(い)きたいです。
　　　　　おてらや 神社(じんじゃ)を 見(み)たいです。
木村(きむら)：　そうですか。
セルゲイ：富士山(ふじさん)にも のぼりたいです。
　　　　　それから、空手(からて)を 習(なら)いたいです。
木村(きむら)：　わあ、たくさん ありますね。
セルゲイ：もちろん、いい 論文(ろんぶん)を 書(か)きたいです！

Kimura:	Nihon no seikatsu wa tanoshii desu ka.
Serugei:	Hai, totemo tanoshii desu.
Kimura:	Nihon de doko e ikitai desu ka.
Serugei:	Kyōto e ikitai desu. O-tera ya jinja o mitai desu.
Kimura:	Sō desu ka.
Serugei:	Fuji-san ni mo noboritai desu. Sorekara, karate o naraitai desu.
Kimura:	Wā, takusan arimasu ne.
Serugei:	Mochiron, ii ronbun o kakitai desu!

Kimura:	*Is your life in Japan fun?*
Sergei:	*Yes, it is a lot of fun.*
Kimura:	*Where do you want to go in Japan?*
Sergei:	*I want to go to Kyoto. I want to see temples and shrines, etc.*
Kimura:	*I see.*
Sergei:	*I want to climb Mt. Fuji, too. And I want to learn karate.*
Kimura:	*Wow, you have so many things you want to do.*
Sergei:	*Of course, I want to write a good thesis.*

Vocabulary

のぼります・のぼる（山(やま)に～）I　noborimasu · noboru (yama ni ～)　*to climb (a mountain)*

空手(からて)　karate　*karate (a Japanese martial art)*

習(なら)います・習(なら)う I　naraimasu · narau　*to learn*　　わあ　wā　*wow*

もちろん　mochiron　*of course*

Notes

The particle 'mo,' *the meaning of which is "too" or "also," can be placed after such particles as* 'ni,' 'e,' 'de' *and so on. Ex.* 'ni' → 'ni mo,' 'e' → 'e mo,' 'de' → 'de mo.' *Note that the particles* 'ga' *and* 'o' *are replaced with the particle* 'mo.'

	Question	さん -san	さん -san
to do	何(なに)を したいですか。 Nani o shitai desu ka.		
to go			
to buy			
?			

CD 84

5. ***Make sentences by combining two words to describe a personal computer. Then talk about personal computers with your classmates.***

Ex. この パソコンは 画面(がめん)が 明(あか)るいです。

Kono pasokon wa gamen ga akarui desu.

This personal computer has a bright screen.
(Lit. Concerning this personal computer, the screen is bright.)

この パソコンは 画面(がめん)が ・ 　　・いいです。
処理速度(しょりそくど)が ・ 　　・多(おお)いです。
操作(そうさ)が ・ 　　・明(あか)るいです。
メモリーが ・ 　　・かんたんです。
デザインが ・ 　　・はやいです。

Kono pasokon wa gamen ga ・ 　　・ ii desu.
shori-sokudo ga ・ 　　・ ōi desu.
sōsa ga ・ 　　・ akarui desu.
memorii ga ・ 　　・ kantan desu.
dezain ga ・ 　　・ hayai desu.

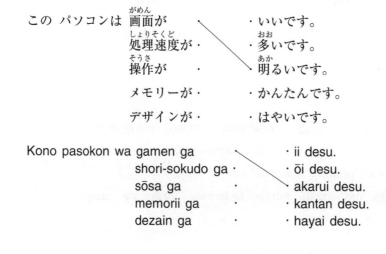

Vocabulary

画面(がめん) gamen *screen* 処理速度(しょりそくど) shori-sokudo *processing speed*

操作(そうさ) sōsa *operation* メモリー memorii *memory*

デザイン dezain *design* 明(あか)るい akarui *bright* 多(おお)い ōi *many*

はやい hayai *speedy*

Notes

N_1は N_2が i-Adj./na-Adj.です。**N_1 wa N_2 ga i-Adj./na-Adj. desu.:** *In this structure,* 'wa' *marks the topic and* 'ga' *marks the topic's characteristics or qualities.*

CD 85

6. *Ask your classmates about their countries and compare their answers with your country and Japan.*

Ex. A：Bさんの 国(くに)は 何(なに)が 多(おお)いですか。
B：わたしの 国(くに)は 山(やま)が 多(おお)いです。

A: B-san no kuni wa nani ga ōi desu ka.
B: Watashi no kuni wa yama ga ōi desu.

A: What are there a lot of in your country, Mr. B?
B: There are a lot of mountains in my country.

	多(おお)いです ōi desu	有名(ゆうめい)です yūmei desu	高(たか)いです takai desu
1. さんの 国(くに) -san no kuni			
2. さんの 国(くに) -san no kuni			
3. わたしの 国(くに) watashi no kuni			
4. 日本(にほん) Nihon			

14

音楽(おんがく)が 好(す)きですか。

Ongaku ga suki desu ka.

DO YOU LIKE MUSIC?

Objectives

1. *Expressing preferences and skillfulness*
2. *Learning adverbs of degree*

Structures

1. 旅行(りょこう)が 好(す)きですか。
   はい、好(す)きです。
2. マイクさんは テニスが 上手(じょうず)ですか。
   はい、上手(じょうず)です。
3. 音楽(おんがく)は 何(なに)が 好(す)きですか。
   クラシックが 好(す)きです。
4. 講義(こうぎ)が わかりますか。
   はい、よく わかります。
   はい、少(すこ)し わかります。
   いいえ、あまり わかりません。
   いいえ、ぜんぜん わかりません。

1. Ryokō ga suki desu ka.
   Hai, suki desu.
2. Maiku-san wa tenisu ga jōzu desu ka.
   Hai, jōzu desu.
3. Ongaku wa nani ga suki desu ka.
   Kurashikku ga suki desu.
4. Kōgi ga wakarimasu ka.
   Hai, yoku wakarimasu.
   Hai, sukoshi wakarimasu.
   Iie, amari wakarimasen.
   Iie, zenzen wakarimasen.

1. *Do you like traveling?*
   Yes, I do.
2. *Is Mike good at tennis?*
   Yes, he is.
3. *What music do you like?*
   I like classical music.
4. *Do you understand the lecture?*
   Yes, I understand it very well.
   Yes, I understand it a little.
   No, I don't understand it very well.
   No, I don't understand it at all.

CD 86

1. *Ask your classmates if they like the following things as in the example.*

Ex. A：<u>スポーツ</u>が 好(す)きですか。

B：はい、好(す)きです。／いいえ、好(す)きでは ありません。

A: <u>Supōtsu</u> ga suki desu ka.
B: Hai, suki desu./Iie, suki dewa arimasen.

A: Do you like sports?
B: Yes, I do./No, I don't.

Ex. スポーツ　1. 映画(えいが)　2. 旅行(りょこう)　3. 野菜(やさい)　4. ビール
5. 音楽(おんがく)　6. 日本料理(にほんりょうり)　7. ________

Ex. supōtsu　1. eiga　2. ryokō　3. yasai　4. biiru
5. ongaku　6. Nihon-ryōri　7. ________

Vocabulary

好(す)き(な) suki(na) *to like*　きらい(な) kirai(na) *to dislike*
日本料理(にほんりょうり) Nihon-ryōri *Japanese cooking/dish*

Notes

'N_1は N_2が 好(す)きです。**N_1 wa N_2 ga suki desu.**' *means "N_1 likes N_2."*
'N_1は N_2が きらいです。**N_1 wa N_2 ga kirai desu.**' *means "N_1 dislikes N_2." Both* 'suki' *and* 'kirai' *are na-Adjectives.*

	Non-past		Past	
	Aff.	Neg.	Aff.	Neg.
to like	すきです	すきでは ありません	すきでした	すきでは ありませんでした
to dislike	きらいです	きらいでは ありません	きらいでした	きらいでは ありませんでした

	Non-past		Past	
	Aff.	Neg.	Aff.	Neg.
to like	suki desu	suki dewa arimasen	suki deshita	suki dewa arimasendeshita
to dislike	kirai desu	kirai dewa arimasen	kirai deshita	kirai dewa arimasendeshita

CD 87

2. ***Shigeru is a 17-year-old Japanese boy. He is a typical Japanese teenager. Can you guess his likes and dislikes from those listed below? Make sentences as in the examples. What do teenagers like or dislike in your country?***

Ex. 1. しげるくんは サッカーが 好(す)きです。
Ex. 2. しげるくんは 宿題(しゅくだい)が きらいです。

Shigeru-kun wa sakkā ga suki desu.
Shigeru-kun wa shukudai ga kirai desu.

Shigeru likes football.
Shigeru dislikes homework.

サッカー sakkā　宿題(しゅくだい) shukudai　ハンバーガー hanbāgā
スパゲッティ supagetti　勉強(べんきょう) benkyō　まんが manga
そうじ sōji　女(おんな)の 子(こ) onna no ko　ビデオ bideo
コンピュータゲーム konpyūta-gēmu
テスト tesuto　コーラ kōra

Vocabulary

サッカー sakkā *football*　宿題(しゅくだい) shukudai *homework*
勉強(べんきょう) benkyō *study*　そうじ sōji *cleaning*
コンピュータゲーム konpyūta-gēmu *computer game*　テスト tesuto *test*

CD 88

3. *Practice the following dialogue.*

木村(きむら)：　マリアさん、音楽(おんがく)は 何(なに)が 好(す)きですか。

マリア：ジャズが 好(す)きです。木村(きむら)さんは？

木村(きむら)：　わたしは ロックが 好(す)きです。

マリア：そうですか。

Kimura: Maria-san, ongaku wa nani ga suki desu ka.
Maria: Jazu ga suki desu. Kimura-san wa?
Kimura: Watashi wa rokku ga suki desu.
Maria: Sō desu ka.

Kimura: Concerning music, what do you like, Maria?
Maria: I like jazz. How about you, Mr. Kimura?
Kimura: I like rock.
Maria: I see.

Vocabulary

ロック　rokku　*rock (music)*

Notes

は **wa:** *a particle to indicate the topic of a sentence. Ex.* 'N wa nani ga suki desu ka.' *means "Concerning N, what do you like?"*

CD 89

4. *Interview five of your classmates about their favorite things. Choose a category from in the parentheses and complete the chart. Tell your findings to the class.*

Q：(果物(くだもの)・飲(の)み物(もの)・スポーツ etc.) は 何(なに)が 好(す)きですか。 (Kudamono・nomimono・supōtsu, etc.) wa nani ga suki desu ka.	
1. さん -san	
2. さん -san	
3. さん -san	
4. さん -san	
5. さん -san	

発表(はっぴょう) Happyō

わたしは________________に ついて 友達(ともだち)に 聞(き)きました。
Watashi wa ni tsuite tomodachi ni kikimashita.

1. ________________さんは________________が 好(す)きです。
-san wa ga suki desu.
2. ________________さんは________________が 好(す)きです。
-san wa ga suki desu.
3. ________________さんは________________が 好(す)きです。
-san wa ga suki desu.
4. ________________さんは________________が 好(す)きです。
-san wa ga suki desu.
5. ________________さんは________________が 好(す)きです。
-san wa ga suki desu.

わたしは________________が 好(す)きです。
Watashi wa ga suki desu.
以上(いじょう)です。
Ijō desu.

Vocabulary
飲(の)み物(もの) nomimono *beverage*

CD 90

5. *Make sentences as in the example.*

Ex. 田中(たなか)さんは ギターが 上手(じょうず)です。

Tanaka-san wa gitā ga jōzu desu.

Mr. Tanaka is good at the guitar.

Ex. 田中(たなか), ギター

1. ヘレン, ピアノ	2. マイク, スキー
3. ミラン, 料理(りょうり)	4. ヤン, 歌(うた)
5. 高橋(たかはし), 字(じ)	6. セルゲイ, え

Ex. Tanaka, gitā
1. Heren, piano　2. Maiku, sukii
3. Miran, ryōri　4. Yan, uta　5. Takahashi, ji　6. Serugei, e

Vocabulary

上手(じょうず)(な) jōzu(na) *to be good at*　下手(へた)(な) heta(na) *to be bad at*
ギター gitā *guitar*　歌(うた) uta *song*　字(じ) ji *letter, character*

Notes

1. 'N_1は N_2が 上手(じょうず)です。**N_1 wa N_2 ga jōzu desu.**' *means "N_1 is good at N_2."*
2. 'N_1は N_2が 下手(へた)です。**N_1 wa N_2 ga heta desu.**' *means "N_1 is bad at N_2."*
3. 'Jōzu' *and* 'heta' *are na-Adjectives.*

	Non-past		Past	
	Aff.	Neg.	Aff.	Neg.
to be good at	じょうずです	じょうずでは ありません	じょうずでした	じょうずでは ありませんでした
to be bad at	へたです	へたでは ありません	へたでした	へたでは ありませんでした

	Non-past		Past	
	Aff.	Neg.	Aff.	Neg.
to be good at	jōzu desu	jōzu dewa arimasen	jōzu deshita	jōzu dewa arimasendeshita
to be bad at	heta desu	heta dewa arimasen	heta deshita	heta dewa arimasendeshita

CD 91

6. *The people of certain countries are said to be good at particular sports. Do you agree? Match the sport with a country or countries. Draw a line as in the example.*

Ex. 中国人(ちゅうごくじん)は ピンポンが 上手(じょうず)です。

Chūgoku-jin wa pinpon ga jōzu desu.

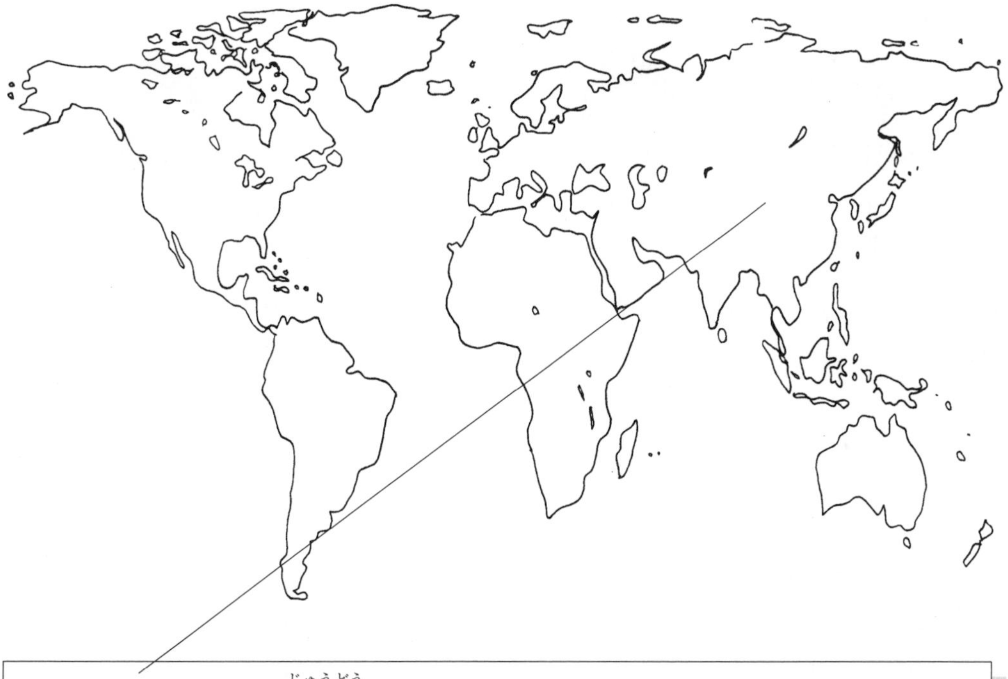

Ex. ピンポン pinpon	1. 柔道(じゅうどう) jūdō	2. スキー sukii	3. サッカー sakkā	4. ラグビー ragubii
5. 野球(やきゅう) yakyū	6. バドミントン badominton		7. アイスホッケー aisu-hokkē	

Vocabulary

柔道(じゅうどう) jūdō *judo* ラグビー ragubii *rugby football*

バドミントン badominton *badminton*

アイスホッケー aisu-hokkē *ice hockey*

CD 92

7. ***The following pictures show how much the little girl understands things. Practice the sentences. Ask your partner the following questions and circle the appropriate answer.***

1. 日本語(にほんご)が よく わかります。
2. 日本語(にほんご)が 少(すこ)し わかります。
3. 日本語(にほんご)が あまり わかりません。
4. 日本語(にほんご)が ぜんぜん わかりません。

1. 
2. 
3. 
4. 

1. Nihon-go ga yoku wakarimasu.
2. Nihon-go ga sukoshi wakarimasu.
3. Nihon-go ga amari wakarimasen.
4. Nihon-go ga zenzen wakarimasen.

1. *I understand Japanese very well.*
2. *I understand Japanese a little.*
3. *I don't understand Japanese very well.*
4. *I don't understand Japanese at all.*

	よく yoku	少(すこ)し sukoshi	あまり amari	ぜんぜん zenzen
1. ひらがなが わかりますか。 Hiragana ga wakarimasu ka.				
2. カタカナが わかりますか。 Katakana ga wakarimasu ka.				
3. 漢字(かんじ)が わかりますか。 Kanji ga wakarimasu ka.				
4. テレビの ニュースが わかりますか。 Terebi no nyūsu ga wakarimasu ka.				
5. 日本語(にほんご)の 発表(はっぴょう)が わかりますか。 Nihon-go no happyō ga wakarimasu ka.				

Vocabulary

わかります・わかる(日本語(にほんご)が〜) I wakarimasu・wakaru (Nihon-go ga 〜) *to understand (Japanese)*　よく yoku *well*　少(すこ)し sukoshi *a little*

あまり〜ません amari 〜 masen *not 〜 very much/well*

ぜんぜん〜ません zenzen 〜 masen *not 〜 at all*

ひらがな hiragana *hiragana script*　カタカナ katakana *katakana script*

漢字(かんじ) kanji *Chinese characters*

Notes

'Nが わかります。**N ga wakarimasu.**' *means "to understand N."*

15

地球(ちきゅう)は 月(つき)より 大(おお)きいです。

Chikyū wa tsuki yori ōkii desu.

THE EARTH IS BIGGER THAN THE MOON.

Objectives

1. Comparing things
2. Agreeing and disagreeing

Structures

1. モスクワは 東京(とうきょう)より 寒(さむ)いです。
2. 化学(かがく)と 物理(ぶつり)と どちらが 好(す)きですか。
   物理(ぶつり)の ほうが 好(す)きです。
   どちらも 好(す)きです。
3. スポーツで 何(なに)が いちばん おもしろいですか。
   サッカーが いちばん おもしろいです。

1. Mosukuwa wa Tōkyō yori samui desu.
2. Kagaku to butsuri to dochira ga suki desu ka.
   Butsuri no hō ga suki desu.
   Dochira mo suki desu.
3. Supōtsu de nani ga ichiban omoshiroi desu ka.
   Sakkā ga ichiban omoshiroi desu.

1. *It is colder in Moscow than in Tokyo.*
2. *Which do you like better, chemistry or physics?*
   I like physics better.
   I like both.
3. *What is the most interesting of all the sports?*
   Football is the most interesting.

CD 93

1. *Make sentences as in the example.*

Ex. 地球(ちきゅう)は 月(つき)より 大(おお)きいです。

Chikyū wa tsuki yori ōkii desu.

The earth is bigger than the moon.

Ex.	地球(ちきゅう) chikyū	月(つき) tsuki	寒(さむ)い samui
1.	モスクワ Mosukuwa	東京(とうきょう) Tōkyō	高(たか)い takai
2.	ナイル川(がわ) Nairu-gawa	ミシシッピ川(がわ) Mishishippi-gawa	古(ふる)い furui
3.	ロシア Roshia	中国(ちゅうごく) Chūgoku	大(おお)きい ōkii
4.	ピラミッド Piramiddo	アンコールワット Ankōru Watto	広(ひろ)い hiroi
5.	ニューデリー Nyū Derii	ロンドン Rondon	長(なが)い nagai
6.	エベレスト Eberesuto	富士山(ふじさん) Fuji-san	人口(じんこう)が 多(おお)い jinkō ga ōi

Data

1. Moscow... −10℃ (Jan.)
   Tokyo...4℃ (Jan.)
2. The Nile...6,690 km
   The Mississippi...6,210 km
3. Russia...17,070,000 km^2
   China...9,600,000 km^2
4. The Pyramids...2,700〜1,800 B.C.
   Angkor Wat...9〜15 A.D.
5. New Delhi...295,000
   London...7,074,000
6. Mt. Everest...8,848 m
   Mt. Fuji...3,776 m

Vocabulary

地球(ちきゅう) chikyū *earth* 月(つき) tsuki *moon* モスクワ Mosukuwa *Moscow*

ナイル川(がわ) Nairu-gawa *the Nile*

ミシシッピ川(がわ) Mishishippi-gawa *the Mississippi* ロシア Roshia *Russia*

中国(ちゅうごく) Chūgoku *China* アンコールワット Ankōru Watto *Angkor Wat*

人口(じんこう)が 多(おお)い jinkō ga ōi *big population*

Notes

N_1は N_2よりi-/na-Adj.です。**N_1 wa N_2 yori i-/na-Adj. desu.:** *This sentence structure indicates a comparison between two items, N_1 and N_2, and means "N_1 is more i-/na-Adj. than N_2."*

CD 94

2. ***How much do you know about Japan? Work in pairs and ask the following questions.***

Ex. A：北海道(ほっかいどう)と 九州(きゅうしゅう)と どちらが 広(ひろ)いですか。
B：北海道(ほっかいどう)の ほうが 広(ひろ)いです。

A: Hokkaidō to Kyūshū to dochira ga hiroi desu ka.
B: Hokkaidō no hō ga hiroi desu.

A: Which is bigger, Hokkaido or Kyushu?
B: Hokkaido is.

Ex. 北海道(ほっかいどう), 九州(きゅうしゅう), 広(ひろ)い
1. 東京(とうきょう)タワー, 皇居(こうきょ), 新(あたら)しい
2. 明治時代(めいじじだい), 江戸時代(えどじだい), 古(ふる)い
3. 12月(がつ), 1月(がつ), 寒(さむ)い
4. コンビニ, 郵便局(ゆうびんきょく), 多(おお)い
5. 大阪(おおさか), 京都(きょうと), 人口(じんこう)が 多(おお)い

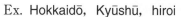

Ex. Hokkaidō, Kyūshū, hiroi
1. Tokyō-tawā, Kōkyo, atarashii
2. Meiji-jidai, Edo-jidai, furui
3. jū-ni-gatsu, ichi-gatsu, samui
4. konbini, yūbinkyoku, ōi
5. Ōsaka, Kyōto, jinkō ga ōi

Vocabulary

どちら dochira *which*
九州(きゅうしゅう) Kyūshū *Kyushu*
東京(とうきょう)タワー Tōkyō-tawā *Tokyo Tower*
皇居(こうきょ) Kōkyo *the Imperial Palace*
明治時代(めいじじだい) Meiji-jidai *Meiji period*
江戸時代(えどじだい) Edo-jidai *Edo period*

Notes

1. ‘N₁と N₂と どちらが i-/na-Adj. ですか。**N₁ to N₂ to dochira ga i-/na-Adj. desu ka.**’ *means “Which is more i-/na-Adj, N₁ or N₂?”*
2. ‘N₁の ほうが N₂より i-/na-Adj. です。**N₁ no hō ga N₂ yori i-/na-Adj. desu.**’ *means “N₁ is more i-/na-Adj. than N₂.” This sentence can answer the question stated in Note 1.*

CD 95

3. *Practice the following conversation.*

田中（たなか）：トムさんは ワインと ビールと どちらが 好（す）きですか。
トム：ビールの ほうが 好（す）きです。田中（たなか）さんは？
田中（たなか）：わたしは どちらも 好（す）きです。

Tanaka: Tomu-san wa wain to biiru to dochira ga suki desu ka.
Tomu: Biiru no hō ga suki desu. Tanaka-san wa?
Tanaka: Watashi wa dochira mo suki desu.

Tanaka: Tom, which do you like better, wine or beer?
Tom: I like beer better. How about you, Mr. Tanaka?
Tanaka: I like both.

Vocabulary

どちらも dochira mo *both*

Notes

'N_1と N_2と どちらが 好（す）きですか。 **N_1 to N_2 to dochira ga suki desu ka.**' *means "Which do you like better, N_1 or N_2?"*

4. *Ask three of your classmates about their preferences in music, food, movies, cities, sports, etc. Fill in the chart and tell your findings to the class.*

Which do you like better, A or B?			
A or B	さん -san	さん -san	さん -san
/			
/			
/			

CD 96

5. *Agree or Disagree*

Do you agree or disagree with the opinions given on the next page? Form a small group of three or four and state your own opinions as in the example.

Ex.

Opinion:「北海道(ほっかいどう)は 東京(とうきょう)より おもしろいです。」

A：わたしも そう 思(おも)います。
北海道(ほっかいどう)は 自然(しぜん)が きれいです。
おいしい 食(た)べ物(もの)も たくさん あります。

B：わたしは そう 思(おも)いません。
東京(とうきょう)は 日本(にほん)の 首都(しゅと)です。
おもしろい 人(ひと)が たくさん います。
新(あたら)しい じょうほうも たくさん あります。

Opinion:「Hokkaidō wa Tōkyō yori omoshiroi desu.」

A: Watashi mo sō omoimasu.
Hokkaidō wa shizen ga kirei desu.
Oishii tabemono mo takusan arimasu.

B: Watashi wa sō omoimasen.
Tōkyō wa Nihon no shuto desu.
Omoshiroi hito ga takusan imasu.
Atarashii jōhō mo takusan arimasu.

Opinion: *"Hokkaido is more interesting than Tokyo."*

A: I think so, too.
The nature in Hokkaido is beautiful.
There is a lot of delicious food, too.

B: I don't think so.
Tokyo is the capital city of Japan.
There are a lot of interesting people in Tokyo.
There is a lot of new information, too.

Vocabulary

思(おも)います・思(おも)う **I** omoimasu・omou *to think*
自然(しぜん) shizen *nature* じょうほう jōhō *information*

Useful Expressions

わたしも　そう　思(おも)います。

Watashi mo sō omoimasu.

I think so, too.

わたしは　そう　思(おも)いません。

Watashi wa sō omoimasen.

I don't think so.

そうですね。

Sō desu ne.

You're right.

ほんとうですね。

Hontō desu ne.

That's true, isn't it?

Opinions

1. 自動車(じどうしゃ)は　電車(でんしゃ)より　便利(べんり)です。
2. 日本(にほん)は　ほかの　国(くに)より　安全(あんぜん)です。
3. 都会(とかい)の　生活(せいかつ)は　いなかの　生活(せいかつ)より　楽(たの)しいです。
4. ______________________________

1. Jidōsha wa densha yori benri desu.
2. Nihon wa hoka no kuni yori anzen desu.
3. Tokai no seikatsu wa inaka no seikatsu yori tanoshii desu.
4. ______________________________

1. *Cars are more convenient than trains.*
2. *Japan is safer than other countries.*
3. *City life is more enjoyable than country life.*
4. ______________________________

Vocabulary

ほかの　hoka no　*other*　　安全(あんぜん)(な)　anzen(na)　*safe*

都会(とかい)　tokai　*city*　　いなか　inaka　*countryside*

CD 97

6. *What do you think about the following questions? Write down your answers and then tell them to the class.*

Ex. A：日本(にほん)の 生活(せいかつ)で 何(なに)が いちばん おもしろいですか。
B：研究(けんきゅう)が いちばん おもしろいです。

A: Nihon no seikatsu de nani ga ichiban omoshiroi desu ka.
B: Kenkyū ga ichiban omoshiroi desu.

A: What is the most interesting part of your life in Japan?
B: My research is the most interesting.

1. 日本(にほん)の 生活(せいかつ)で 何(なに)が いちばん おもしろいですか。

2. この クラスで だれが いちばん いそがしいですか。

3. 世界(せかい)で どこが いちばん きれいですか。

4. 20世紀(せいき)で 何(なに)が いちばん 大(おお)きい 発見(はっけん)でしたか。

5. 20世紀(せいき)で 何(なに)が いちばん 大(おお)きい 発明(はつめい)でしたか。

1. Nihon no seikatsu de nani ga ichiban omoshiroi desu ka.
2. Kono kurasu de dare ga ichiban isogashii desu ka.
3. Sekai de doko ga ichiban kirei desu ka.
4. Ni-jus-seiki de nani ga ichiban ōkii hakken deshita ka.
5. Ni-jus-seiki de nani ga ichiban ōkii hatsumei deshita ka.

Vocabulary

いちばん ichiban *the most*　世界(せかい) sekai *world*
20世紀(せいき) ni-jus-seiki *twentieth century*　発見(はっけん) hakken *discovery*
発明(はつめい) hatsumei *invention*

Notes

'Nで interrogative word (何(なに)、だれ、どこ、etc.) が いちばん i-/na-Adj. ですか。
N de interrogative word (nani, dare, doko, etc.) ga ichiban i-/na-Adj. desu ka.'
means "What/Who/Where, etc., is the most i-/na-Adj. among N?"

15. Chikyū wa tsuki yori ōkii desu.
15. 地球は 月より 大きいです。

Review Quiz—Lessons 11-15

Ⅰ. *Fill in the blanks with particles.*

1. わたしは ビデオカメラ（　　）ほしいです。
2. テレビの ニュース（　　）わかりますか。
3. A：実験（　　）発表（　　）どちら（　　）大変ですか。
   B：実験（　　）ほう（　　）大変です。
   C：どちら（　　）大変です。
4. 東京は 大阪（　　）大きい 町です。
5. 日本語（　　）上手ですね。
6. わたしの 国は 山（　　）多いです。

1. Watashi wa bideo-kamera (　) hoshii desu.
2. Terebi no nyūsu (　) wakarimasu ka.
3. A: Jikken (　) happyō (　) dochira (　) taihen desu ka.
   B: Jikken (　) hō (　) taihen desu.
   C: Dochira (　) taihen desu.
4. Tōkyō wa Ōsaka (　) ōkii machi desu.
5. Nihon-go (　) jōzu desu ne.
6. Watashi no kuni wa yama (　) ōi desu.

Ⅱ. *Change the form of the adjectives in the parentheses.*

1. 田中さんは（親切です→　　　　）人です。
2. 富士山は（きれいです→　　　　）山です。
3. これは（むずかしいです→　　　　）本ですね。

1. Tanaka-san wa (shinsetsu desu →　　　) hito desu.
2. Fuji-san wa (kirei desu →　　　) yama desu.
3. Kore wa (muzukashii desu →　　　) hon desu ne.

Ⅲ. *Change the form of the adjectives in the parentheses.*

1. 研究(けんきゅう)は　どうですか。――とても　(おもしろいです→　　　　　　　　)。
2. 来週(らいしゅう)　ひまですか。――いいえ、あまり　(ひまです→　　　　　　　　)。
3. 旅行(りょこう)は　どうでしたか。――とても　(いいです→　　　　　　　　)。
4. 試験(しけん)は　むずかしかったですか。

　　――いいえ、ぜんぜん (むずかしいです→　　　　　　　　)。

1. Kenkyū wa dō desu ka. —— Totemo (omoshiroi desu →　　　　　　　　).
2. Raishū hima desu ka. —— Iie, amari (hima desu →　　　　　　　　).
3. Ryokō wa dō deshita ka. —— Totemo (ii desu →　　　　　　　　).
4. Shiken wa muzukashikatta desu ka.

　　—— Iie, zenzen (muzukashii desu →　　　　　　　　).

Ⅳ. *Answer the following questions.*

1. 漢字(かんじ)が　わかりますか。 ________________________________
2. 日本(にほん)で　何(なに)を　したいですか。 ____________________________
3. 日本(にほん)の　食(た)べ物(もの)で　何(なに)が　いちばん　おいしいですか。

　　____

1. Kanji ga wakarimasu ka. ________________________________
2. Nihon de nani o shitai desu ka. ____________________________
3. Nihon no tabemono de nani ga ichiban oishii desu ka.

　　____

Ⅴ. *Match the word and the meaning.*

1. せいかつ（　　） 2. じゅんび（　　） 3. そうさ（　　） 4. しゅと（　　）
5. じょうほう（　　） 6. がめん（　　） 7. あんぜん（な）（　　）
8. はっけん（　　） 9. しぜん（　　） 10. たてもの（　　）

1. seikatsu (　) 2. junbi (　) 3. sōsa (　) 4. shuto (　)
5. jōhō (　) 6. gamen (　) 7. anzen(na) (　)
8. hakken (　) 9. shizen (　) 10. tatemono (　)

a. operation	*b. screen*	*c. building*	*d. life*	*e. discovery*
f. nature	*g. capital*	*h. safe*	*i. information*	*j. preparation*

Review Quiz Answers

Lessons 1-5

Ⅰ. 1. は　2. の　3. も　4. の　5. で　6. に　7. から，まで

Ⅱ. 1. なに　2. どちら　3. だれの　4. なんじ　5. いくら

Ⅲ. 1. おきます。　2. たべます。　3. けんきゅうします。　4. みます。
　5. ねます。

Ⅳ. 1. *(your major)* です。　2. *(your hobby)* です。
　3. *(the drink that you have in the morning)* です。

Ⅴ. 1. b　2. d　3. i　4. e　5. f　6. j　7. a
　8. h　9. c　10. g

Ⅰ. 1. wa　2. no　3. mo　4. no　5. de　6. ni　7. kara, made

Ⅱ. 1. nani　2. dochira　3. dare no　4. nan-ji　5. ikura

Ⅲ. 1. okimasu.　2. tabemasu.　3. kenkyū-shimasu.　4. mimasu.
　5. nemasu.

Ⅳ. 1. *(your major)* desu.　2. *(your hobby)* desu.
　3. *(the drink that you have in the morning)* desu.

Ⅴ. 1. b　2. d　3. i　4. e　5. f　6. j　7. a
　8. h　9. c　10. g

Lessons 6-10

Ⅰ. 1. で　2. に　3. は　4. A：か　B：も　5. に　6. に

Ⅱ. 1. a　2. a　3. b　4. a

Ⅲ. 1. 10月(がつ)30日(にち)に 行(い)きます。　2. 横浜市(よこはまし) 青葉区(あおばく)に あります。
　3. バスで 行(い)きます。　4. 1,000円(えん)です。

Ⅳ. 1. c　2. e　3. a　4. b　5. d　6. g　7. i
　8. j　9. f　10. h

Ⅰ. 1. de　2. ni　3. wa　4. A: ka　B: mo　5. ni　6. ni

Ⅱ. 1. a　2. a　3. b　4. a

Ⅲ. 1. Jū-gatsu san-jū-nichi ni ikimasu.　2. Yokohama-shi Aoba-ku ni arimasu.
　3. Basu de ikimasu.　4. Sen-en desu.

Ⅳ. 1. c　2. e　3. a　4. b　5. d　6. g　7. i
　8. j　9. f　10. h

Lessons 11-15

Ⅰ. 1. が　2. が　3. Ａ：と，と，が　Ｂ：の，が　Ｃ：も

4. より　5. が　6. が

Ⅱ. 1. 親切(しんせつ)な　2. きれいな　3. むずかしい

Ⅲ. 1. おもしろいです。　2. ひまでは ありません。

3. よかったです。　4. むずかしくなかったです。

Ⅳ. 1. Ex. はい、わかります。／いいえ、あまり わかりません。

／いいえ、ぜんぜん わかりません。

2. Ex. いい 論文(ろんぶん)を 書(か)きたいです。／学会(がっかい)で 発表(はっぴょう)したいです。／旅行(りょこう)したいです。

3. Ex. てんぷら／すきやき／すしが おいしいです。

Ⅴ. 1. d　2. j　3. a　4. g　5. i　6. b　7. h

8. e　9. f　10. c

Ⅰ. 1. ga　2. ga　3. A: to, to, ga　B: no, ga　C: mo

4. yori　5. ga　6. ga

Ⅱ. 1. shinsetsuna　2. kireina　3. muzukashii

Ⅲ. 1. Omoshiroi desu.　2. Hima dewa arimasen.

3. Yokatta desu.　4. Muzukashikunakatta desu.

Ⅳ. 1. Ex. Hai, wakarimasu./Iie, amari wakarimasen./Iie, zenzen wakarimasen.

2. Ex. Ii ronbun o kakitai desu./Gakkai de happyō-shitai desu./
Ryokō-shitai desu.

3. Ex. Tenpura/Sukiyaki/Sushi ga oishii desu.

Ⅴ. 1. d　2. j　3. a　4. g　5. i　6. b　7. h

8. e　9. f　10. c

付録（ふろく）

Appendices

動詞(どうし)のチャート　Verb Chart

1.  たべます・たべる Ⅱ tabemasu・taberu	2.  のみます・のむ Ⅰ nomimasu・nomu	3.  みます・みる Ⅱ mimasu・miru	4.  ききます・きく Ⅰ kikimasu・kiku
5.  よみます・よむ Ⅰ yomimasu・yomu	6.  かいます・かう Ⅰ kaimasu・kau	7.  べんきょうします・べんきょうする Ⅲ benkyō-shimasu・benkyō-suru	8.  おきます・おきる Ⅱ okimasu・okiru
9.  ねます・ねる Ⅱ nemasu・neru	10.  いきます・いく Ⅰ ikimasu・iku	11.  きます・くる Ⅲ kimasu・kuru	12.  かきます・かく Ⅰ kakimasu・kaku
13.  あいます・あう Ⅰ aimasu・au	14.  やすみます・やすむ Ⅰ yasumimasu・yasumu	15.  あけます・あける Ⅱ akemasu・akeru	16.  しめます・しめる Ⅱ shimemasu・shimeru
17.  つけます・つける Ⅱ tsukemasu・tsukeru	18.  けします・けす Ⅰ keshimasu・kesu	19.  とります・とる Ⅰ torimasu・toru	20.  まちます・まつ Ⅰ machimasu・matsu

形容詞(けいようし)のチャート　Adjective Chart

1. 	2. 	3. 	4. 
おおきい ōkii	ちいさい chiisai	たかい takai	やすい yasui
5. 	6. 	7. 	8. 
いい ii	わるい warui	むずかしい muzukashii	やさしい yasashii
9. 	10. 	11. 	12. 
さむい samui	あつい atsui	いそがしい isogashii	ひま(な) hima(na)
13. 	14. 	15. 	16. 
おいしい oishii	たのしい tanoshii	しずか(な) shizuka(na)	にぎやか(な) nigiyaka(na)
17. 	18. 	19. 	20. 
ゆうめい(な) yūmei(na)	べんり(な) benri(na)	げんき(な) genki(na)	きれい(な) kirei(na)

動詞(どうし)の活用表(かつようひょう)　Verb Conjugation Chart

	Masu-form	*Dict. form*	*Te-form*	*Nai-form*	*Ta-form*	*Meaning*	*Ln.*
Ⅱ	たべます	たべる	たべて	たべない	たべた	*eat*	4
Ⅰ	のみます	のむ	のんで	のまない	のんだ	*drink*	4
Ⅱ	みます	みる	みて	みない	みた	*watch*	4
Ⅰ	ききます	きく	きいて	きかない	きいた	*listen to*	4
Ⅰ	よみます	よむ	よんで	よまない	よんだ	*read*	4
Ⅰ	かいます	かう	かって	かわない	かった	*buy*	4
Ⅲ	します	する	して	しない	した	*do*	4
Ⅱ	おきます	おきる	おきて	おきない	おきた	*get up*	5
Ⅱ	ねます	ねる	ねて	ねない	ねた	*go to bed*	5
Ⅰ	いきます	いく	いって	いかない	いった	*go*	6
Ⅲ	きます	くる	きて	こない	きた	*come*	6
Ⅰ	かえります	かえる	かえって	かえらない	かえった	*return*	6
Ⅰ	かきます	かく	かいて	かかない	かいた	*write*	6
Ⅰ	およぎます	およぐ	およいで	およがない	およいだ	*swim*	6
Ⅰ	ふります	ふる	ふって	ふらない	ふった	*(rain) fall*	7
Ⅰ	あります	ある	あって	——ない	あった	*exist, be*	8
Ⅱ	います	いる	いて	いない	いた	*exist, be*	8
Ⅰ	とります	とる	とって	とらない	とった	*take*	10
Ⅰ	はたらきます	はたらく	はたらいて	はたらかない	はたらいた	*work*	10
Ⅰ	あいます	あう	あって	あわない	あった	*meet*	10
Ⅰ	おくります	おくる	おくって	おくらない	おくった	*send*	10
Ⅱ	かけます	かける	かけて	かけない	かけた	*make a phone call*	10
Ⅱ	あげます	あげる	あげて	あげない	あげた	*give*	10
Ⅰ	もらいます	もらう	もらって	もらわない	もらった	*receive*	10
Ⅰ	ききます	きく	きいて	きかない	きいた	*ask*	11
Ⅰ	おわります	おわる	おわって	おわらない	おわった	*end*	11
Ⅰ	やすみます	やすむ	やすんで	やすまない	やすんだ	*rest*	13
Ⅰ	のぼります	のぼる	のぼって	のぼらない	のぼった	*climb*	13
Ⅰ	ならいます	ならう	ならって	ならわない	ならった	*learn*	13
Ⅰ	わかります	わかる	わかって	わからない	わかった	*understand*	14
Ⅰ	おもいます	おもう	おもって	おもわない	おもった	*think*	15

	Masu-form		*Dict. form*	*Te-form*	*Nai-form*		*Ta-form*	*Meaning*	*Ln.*
Ⅱ	tabe	masu	taberu	tabete	tabe	nai	tabeta	*eat*	*4*
Ⅰ	nomi	masu	nomu	nonde	noma	nai	nonda	*drink*	*4*
Ⅱ	mi	masu	miru	mite	mi	nai	mita	*watch*	*4*
Ⅰ	kiki	masu	kiku	kiite	kika	nai	kiita	*listen to*	*4*
Ⅰ	yomi	masu	yomu	yonde	yoma	nai	yonda	*read*	*4*
Ⅰ	kai	masu	kau	katte	kawa	nai	katta	*buy*	*4*
Ⅲ	shi	masu	suru	shite	shi	nai	shita	*do*	*4*
Ⅱ	oki	masu	okiru	okite	oki	nai	okita	*get up*	*5*
Ⅱ	ne	masu	neru	nete	ne	nai	neta	*go to bed*	*5*
Ⅰ	iki	masu	iku	itte	ika	nai	itta	*go*	*6*
Ⅲ	ki	masu	kuru	kite	ko	nai	kita	*come*	*6*
Ⅰ	kaeri	masu	kaeru	kaette	kaera	nai	kaetta	*return*	*6*
Ⅰ	kaki	masu	kaku	kaite	kaka	nai	kaita	*write*	*6*
Ⅰ	oyogi	masu	oyogu	oyoide	oyoga	nai	oyoida	*swim*	*6*
Ⅰ	furi	masu	furu	futte	fura	nai	futta	*(rain) fall*	*7*
Ⅰ	ari	masu	aru	atte	——	nai	atta	*exist, be*	*8*
Ⅱ	i	masu	iru	ite	i	nai	ita	*exist, be*	*8*
Ⅰ	tori	masu	toru	totte	tora	nai	totta	*take*	*10*
Ⅰ	hataraki	masu	hataraku	hataraite	hataraka	nai	hataraita	*work*	*10*
Ⅰ	ai	masu	au	atte	awa	nai	atta	*meet*	*10*
Ⅰ	okuri	masu	okuru	okutte	okura	nai	okutta	*send*	*10*
Ⅱ	kake	masu	kakeru	kakete	kake	nai	kaketa	*make a phone call*	*10*
Ⅱ	age	masu	ageru	agete	age	nai	ageta	*give*	*10*
Ⅰ	morai	masu	morau	moratte	morawa	nai	moratta	*receive*	*10*
Ⅰ	kiki	masu	kiku	kiite	kika	nai	kiita	*ask*	*11*
Ⅰ	owari	masu	owaru	owatte	owara	nai	owatta	*end*	*11*
Ⅰ	yasumi	masu	yasumu	yasunde	yasuma	nai	yasunda	*rest*	*13*
Ⅰ	nobori	masu	noboru	nobotte	nobora	nai	nobotta	*climb*	*13*
Ⅰ	narai	masu	narau	naratte	narawa	nai	naratta	*learn*	*13*
Ⅰ	wakari	masu	wakaru	wakatte	wakara	nai	wakatta	*understand*	*14*
Ⅰ	omoi	masu	omou	omotte	omowa	nai	omotta	*think*	*15*

索引(さくいん)

Indices

索引(さくいん) 日英(にちえい) Japanese-English Index

A

B

C

D

diibuidii-rekōdā DVD レコーダー *DVD recorder* **13**
dō どう *how* **11**
doa ドア *door* **9**
dochira どちら *where* **2**
dochira どちら *which* **15**
dochira mo どちらも *both* **15**
Dō itashimashite. どういたしまして。 *You're welcome.* **1**
Doitsu-jin ドイツ人 *German* **1**
doko どこ *where, what place* **4**
doko e mo どこへも *nowhere* **6**
dokoka どこか *anywhere* **12**
dokomo どこも *nowhere* **6**
dokusho 読書 *reading* **1**
dokyumentarii ドキュメンタリー *documentary* **4**
Dōmo arigatō gozaimasu. どうも ありがとう ございます。 *Thank you very much.* **9**
donna どんな *what kind of* **11**
dorama ドラマ *drama* **4**
doru ドル *US dollar* **2**
do-yōbi 土曜日 *Saturday* **6**
Dōzo yoroshiku onegai-shimasu. どうぞ よろしく おねがいします。 *Nice to meet you.* **1**

E

e え *drawing, painting* **10**
eakon エアコン *air conditioner* **8**
Edo-jidai 江戸時代 *Edo period* **15**
ehagaki えはがき *picture postcard* **11**
eiga 映画 *movies* **1**
Ejiputo-jin エジプト人 *Egyptian* **1**
eki 駅 *station* **6**
ekishō-terebi 液晶テレビ *LCD (liquid crystal display) TV* **13**
en 円 *yen* **2**
erebētā エレベーター *elevator* **9**

F

fairu ファイル *file* **2**
Firipin-jin フィリピン人 *Filipino* **1**
fudōsan-ya 不動産屋 *realtor, real estate agent* **8**
-fun ー分 *minute* **5**
furai フライ *deep fried food* **3**
Furansu-jin フランス人 *Frenchman/Frenchwoman* **1**
furo ふろ *bathtub* **8**
furu (ame ga) ふる（雨が） [I] *(rain) fall* **7**
furui 古い *old* **11**
futsuka 2日 *second, two days* **7**
fuzai 不在 *out* **8**

G

gakkai 学会 *academic convention* **10**
gakugai 学外 *off campus* **8**
gakunai 学内 *on campus* **8**
gakusei 学生 *student* **1**
gakushoku 学食 *student cafeteria* **4**
gamen 画面 *screen* **13**
gamu ガム *chewing gum* **2**
gāru-furendo ガールフレンド *girlfriend* **13**
-gatsu ー月 *-th mouth of the year* **7**
genki(na) 元気(な) *fine, healthy* **11**
getsu-yōbi 月曜日 *Monday* **6**
ginkō 銀行 *bank* **5**
gitā ギター *guitar* **14**
go 五 *five* **1**
Gochisōsama deshita. ごちそうさまでした。 *It was a nice meal.* **2**
go-gatsu 5月 *May* **7**
gogo 午後 *p.m., afternoon* **5**
gohan ごはん *meal, rice* **10**
gokiburi ごきぶり *cockroach* **9**
gomibako ごみばこ *trash box* **9**
gozen 午前 *a.m., morning* **5**
gyūdon 牛丼 *cooked beef on rice* **3**
gyūniku 牛肉 *beef* **3**
gyūnyū 牛乳 *milk* **2**

H

ha-burashi はブラシ *toothbrush* **4**
hachi 八 *eight* **1**
hachi-gatsu 8月 *August* **7**
hādodisuku-rekōdā ハードディスクレコーダー *hard disk recorder* **13**
hagaki はがき *postcard* **11**
hai はい *yes* **2**
haikingu ハイキング *hiking* **10**
Hajimemashite. はじめまして。 *Nice to meet you.* **1**
hakase 博士 *Ph.D. (course)* **1**
hakken 発見 *discovery* **15**
hako はこ *box* **9**
hakushi 博士 *Ph.D. (course)* **1**

han はん *half* **5**
hana 花 *flower* **10**
hanabi 花火 *fireworks* **7**
hanami 花見 *cherry blossom viewing* **7**
hanbāgā ハンバーガー *hamburger* **2**
happyō 発表 *presentation* **10**
happyō-suru 発表する[Ⅲ] *make a presentation* **11**
hasami はさみ *scissors* **9**
hashi はし *bridge* **11**
hataraku 働く[Ⅰ] *work* **10**
hatsuka 20日 *twentieth, twenty days* **7**
hatsumei 発明 *invention* **15**
hayai はやい *speedy* **13**
heta(na) 下手(な) *be bad at* **14**
heya へや *room* **8**
hidari 左 *left* **9**
hijōguchi 非常口 *emergency exit* **8**
hikidashi ひき出し *drawer* **9**
hikōki 飛行機 *airplane* **6**
hima(na) ひま(な) *free (time)* **11**
hiragana ひらがな *hiragana script* **14**
hiroi 広い *wide* **11**
hiru-gohan 昼ごはん *lunch* **4**
hito 人 *person* **8**
hitori de 一人で *alone* **6**
hōgaku 法学 *law* **1**
hoka no ほかの *other* **15**
hokani ほかに *anything else* **13**
hon 本 *book* **3**
honkan 本館 *main building* **9**
Hontō desu ne. ほんとうですね。 *That's true, isn't it?* **15**
hoshii ほしい *want* **13**
hotchikisu ホッチキス *stapler* **9**
hoteru ホテル *hotel* **12**
hyaku 百 *hundred* **2**

I

ichi 一 *one* **1**
ichiban いちばん *the most* **15**
ichido 一度 *once* **11**
ichi-gatsu 1月 *January* **7**
ichi-gōkan 1号館 *Building #1* **9**
ichi-man 一万 *ten thousand* **3**
ichi-nen 1年 *first year* **1**
ichi-oku 一億 *hunded million* **3**
ie 家 *house* **3**
igaku 医学 *medicine* **1**
Igirisu-jin イギリス人 *Englishman/Englishwoman* **1**
ii いい *good* **11**
Ii desu ne. いいですね。 *That's good.* **7**
iie いいえ *no* **3**
Ijō desu. 以上です。 *That's all.* **11**
ike 池 *pond* **9**
iku 行く[Ⅰ] *go* **6**
ikura いくら *how much* **2**
ima 今 *now* **5**
inaka いなか *countryside* **15**
Indo-jin インド人 *Indian* **1**
Indoneshia-jin インドネシア人 *Indonesian* **1**
inu 犬 *dog* **8**
Iran-jin イラン人 *Iranian* **1**
iru いる[Ⅱ] *be, exist* **8**
isogashii いそがしい *busy* **11**
issho ni いっしょに *together* **7**
isu いす *chair* **8**
Itadakimasu. いただきます。 *I'm going to eat.* **2**
Itaria-jin イタリア人 *Italian* **1**
itsu いつ *when* **7**
itsuka 5日 *fifth, five days* **7**
itsumo いつも *always* **4**

J

jagaimo じゃがいも *potato* **3**
jazu ジャズ *jazz* **4**
ji 字 *letter, character* **14**
-ji 一時 *o'clock* **5**
jidō-hanbai-ki 自動販売機 *vending machine* **8**
jidōsha 自動車 *car* **3**
jiinzu ジーンズ *jeans* **3**
jikan 時間 *time* **13**
jikken 実験 *experiment* **11**
jikken-suru 実験する[Ⅲ] *experiment* **4**
jimu-shitsu 事務室 *office* **8**
～jin ～人 *(suffix meaning "a national of")* **1**
jinja 神社 *Shinto shrine* **7**
jinkō ga ōi 人口が 多い *big population* **15**
jisho 辞書 *dictionary* **3**
jitensha 自転車 *bicycle* **6**
jōhō じょうほう *information* **15**
jōhō-kōgaku じょうほう工学 *computer science* **1**
jokyōju 助教授 *associate professor* **1**
jōzu(na) 上手(な) *be good at* **14**
joshu 助手 *assistant* **1**
jū 十 *ten* **1**

jūdō 柔道 *judo* **14**
jū-gatsu 10月 *October* **7**
jū-ichi-gatsu 11月 *November* **7**
jū-ku-nichi 19日 *nineteenth, nineteen days* **7**
junbi じゅんび *preparation* **12**
jū-ni-gatsu 12月 *December* **7**
jūsho 住所 *address* **2**
jūsu ジュース *juice* **4**
jū-yokka 14日 *fourteenth, fourteen days* **7**

K

kaban かばん *bag* **3**
kaeru 帰る I *return, come back* **6**
kagaku 化学 *chemistry* **1**
kagi かぎ *key* **3**
kaidan かいだん *stairs* **9**
kaigi-shitsu 会議室 *conference room* **8**
kaimono 買い物 *shopping* **10**
kakeru (denwa o) かける（電話を） II *make (a phone call)* **10**
kaku 書く I *write* **6**
kamera カメラ *camera* **3**
Kanada カナダ *Canada* **2**
Kanada-jin カナダ人 *Canadian* **1**
kane 金 *money* **13**
kanji 漢字 *Chinese characters* **14**
kankō 観光 *sightseeing* **10**
Kankoku-jin 韓国人 *Korean* **1**
kanri-nin 管理人 *superintendent* **8**
kantan(na) かんたん(な) *easy, simple* **12**
kara'age からあげ *fried chicken* **3**
karai からい *spicy, hot* **11**
karate 空手 *karate* **13**
karē-raisu カレーライス *curry and rice* **3**
kasa かさ *umbrella* **3**
katakana カタカナ *katakana script* **14**
kau 買う I *buy* **4**
kawa 川 *river* **11**
ka-yōbi 火曜日 *Tuesday* **6**
kazoku 家族 *family* **6**
keitai けいたい *mobile phone* **1**
keizaigaku 経済学 *economics* **1**
kēki ケーキ *cake* **11**
kekka けっか *result* **11**
kenchiku 建築 *architecture* **1**
kengaku 見学 *visit some place for study* **10**
kenkyū 研究 *research* **10**
kenkyūin 研究員 *researcher* **1**
kenkyū-jo 研究所 *research institute* **1**
kenkyūsei 研究生 *research student* **1**
kenkyū-shitsu 研究室 *study room* **1**
kenkyū-suru 研究する III *research, study* **4**
keshiki けしき *scenery* **12**
ki 木 *tree* **9**
kibishii きびしい *strict* **12**
kiku 聞く I *listen to* **4**
kiku (tomodachi ni) 聞く（友達に） I *ask (a friend)* **11**
kinō きのう *yesterday* **6**
kin-yōbi 金曜日 *Friday* **6**
kirai(na) きらい(な) *dislike* **14**
kirei(na) きれい(な) *beautiful* **11**
kissaten 喫茶店 *coffee shop* **8**
kitaku 帰宅 *gone home* **8**
kitanai きたない *dirty* **11**
Kite kudasai. 来て ください。 *Please come.* **11**
kōban こうばん *police box* **8**
kōcha 紅茶 *black tea* **3**
Kochirakoso dōzo yoroshiku onegai-shimasu. こちらこそ どうぞ よろしく おねがいします。 *I'm pleased to meet you.* **1**
kodomo 子ども *child* **8**
kōen こうえん *park* **8**
kōgaku 工学 *engineering* **1**
kōgi 講義 *lecture* **5**
kōgi-shitsu 講義室 *lecture room* **8**
kōhii コーヒー *coffee* **2**
koibito 恋人 *boyfriend, girlfriend* **11**
kōjō 工場 *factory* **10**
kokoa ココア *cocoa* **11**
kokonoka 9日 *ninth, nine days* **7**
Konbanwa. こんばんは。 *Good evening.* **1**
konbini コンビニ *convenience store* **8**
kondo 今度 *next time, sometime* **10**
kongetsu 今月 *this month* **7**
Konnichiwa. こんにちは。 *Good afternoon.* **1**
kono この *this* **3**
konpyūta コンピュータ *computer* **13**
konpyūta-gēmu コンピュータゲーム *computer game* **14**
konpyūta-shitsu コンピュータ室 *computer room* **8**
konsāto コンサート *concert* **10**
konshū 今週 *this week* **7**
kopii-kādo コピーカード *photocopy machine card* **9**
kopii-ki コピー機 *copy machine* **8**
kōra コーラ *cola* **2**
kore これ *this* **3**

korede これで *for now* **11**
kōshi 講師 *lecturer* **1**
kōsui 香水 *perfume* **11**
kotae 答え *answer* **11**
kōto コート *coat* **13**
kotoshi 今年 *this year* **7**
ku 九 *nine* **1**
kudamono 果物 *fruit* **3**
ku-gatsu 9月 *September* **7**
kūkō 空港 *airport* **6**
～kun ～くん
(suffix often added to a boy's name) **11**
kuni 国 *nation, country* **2**
kurashikku クラシック *classical music* **4**
kurasu クラス *class* **5**
kuroi 黒い *black* **9**
kuru 来る[III] *come* **6**
kuruma 車 *car* **3**
kutsu くつ *shoes* **6**
kutsushita くつ下 *sock(s)* **9**
kuyakusho 区役所 *ward office* **6**
kyabetsu キャベツ *cabbage* **3**
kyabinetto キャビネット *cabinet* **9**
kyonen 去年 *last year* **7**
kyō きょう *today* **6**
kyōju 教授 *professor* **1**
kyōshi 教師 *teacher, instructor* **1**
kyōshitsu 教室 *classroom* **8**
kyū 九 *nine* **1**
kyūri きゅうり *cucumber* **3**

M

machi 町 *town* **11**
mae 前 *in front of* **9**
mainichi 毎日 *every day* **7**
manga まんが *comic book* **4**
Mata ashita. また あした。 *See you tomorrow.* **2**
mazui まずい *bad-tasting* **11**
megane めがね *glasses* **13**
Meiji-jidai 明治時代 *Meiji period* **15**
memorii メモリー *memory* **13**
mēru メール *e-mail* **10**
migi 右 *right* **9**
mijikai 短い *short* **11**
mikan みかん *mandarin orange* **3**
mikka 3日 *third, three days* **7**
miru 見る[II] *watch* **4**
mizu 水 *water* **4**
mochiron もちろん *of course* **13**
Mō ichido onegai-shimasu.
もう 一度 おねがいします。
Could you say it again? **2**
moku-yōbi 木曜日 *Thursday* **6**
mono 物 *thing* **11**
morau もらう[I] *receive* **10**
muika 6日 *sixth, six days* **7**
muzukashii むずかしい *difficult* **11**

N

nagai 長い *long* **11**
naisen ないせん *extension* **1**
naka 中 *in* **9**
namae 名前 *name* **2**
nan 何 *what* **2**
nana 七 *seven* **1**
nan-gatsu 何月 *what month* **7**
nani 何 *what* **4**
nanika 何か *anything* **8**
nani mo 何も *nothing* **4**
nan-ji 何時 *what time* **5**
nan-nichi 何日 *what days* **7**
nanoka 7日 *seventh, seven days* **7**
nan-pun 何分 *how many minute(s)* **5**
nan-yōbi 何曜日 *what day of the week* **6**
narau 習う[I] *learn* **13**
neko ねこ *cat* **8**
-nen —年 *—year(s)* **7**
nengajō 年賀状 *New Year's card* **7**
neru ねる[II] *go to bed* **5**
nezumi ねずみ *mouse* **9**
ni 二 *two* **1**
-nichi —日 *-th day of the month, —days* **7**
nichi-yōbi 日曜日 *Sunday* **6**
ni-gatsu 2月 *February* **7**
nigiyaka(na) にぎやか(な) *lively* **11**
ni-gōkan 2号館 *Building #2* **9**
Nihon 日本 *Japan* **6**
Nihon-go 日本語 *Japanese language* **4**
Nihon-jin 日本人 *Japanese* **1**
Nihon-ryōri 日本料理
Japanese cooking, Japanese dish **14**
nijū-ku-nichi 29日
twenty ninth, twenty nine days **7**
ni-jus-seiki 20世紀 *twentieth century* **15**
ni-jū-yokka 24日
twenty fourth, twenty four days **7**
niku 肉 *meat* **3**
ni-nen 2年 *second year* **1**

O

P

R

S

sakana 魚 *fish* **3**
sakkā サッカー *football* **14**
samui 寒い *cold* **11**
san 三 *three* **1**
～san ～さん *Mr., Mrs., Miss* **2**
san-gatsu 3月 *March* **7**
san-gōkan 3号館 *Building #3* **9**
san-nen 3年 *third year* **1**
sanpo さんぽ *walking* **10**
sara さら *dish* **9**
Sayōnara. さようなら。 *Good-bye.* **1**
seikatsu 生活 *life* **11**
seikyō 生協 *co-op shop* **4**
seimon 正門 *main gate* **9**
seiseki せいせき *school record* **12**
sekai 世界 *world* **15**
sekken せっけん *soap* **4**
semai せまい *narrow* **11**
sen 千 *thousand* **3**
sengetsu 先月 *last month* **7**
senmon 専門 *major* **1**
sensei 先生 *teacher, instructor* **1**
senshū 先週 *last week* **7**
sētā セーター *sweater* **11**
shanpū シャンプー *shampoo* **4**
shashin 写真 *photography* **1**
shatsu シャツ *shirt* **4**
shawā シャワー *shower* **8**
shi 四 *four* **1**
shichi 七 *seven* **1**
shichi-gatsu 7月 *July* **7**
shi-gatsu 4月 *April* **7**
shiidii ＣＤ *CD* **3**
shiken 試験 *examination* **12**
shikikin 敷金 *deposit money* **8**
shinbun 新聞 *newspaper* **3**
Shinkansen 新幹線 *bullet train* **6**
shinsetsu(na) 親切(な) *kind* **11**
shiro しろ *castle* **11**
shiroi 白い *white* **9**
shisutemu-enjinia システムエンジニア
systems engineer **1**
shita 下 *under* **9**
shizen 自然 *nature* **15**
shizuka(na) しずか(な) *quiet* **11**
shokki-dana 食器だな *cupboard* **9**
shokudō 食堂 *cafeteria* **9**
shōsetsu 小説 *novel* **4**
shori-sokudo 処理速度 *processing speed* **13**
shukudai 宿題 *homework* **14**
shumi しゅみ *hobby* **1**
shūmatsu 週末 *weekend* **12**
shūshi 修士 *master's (course)* **1**
shuto 首都 *capital* **11**
soba そば *buckwheat noodles* **3**
Sō desu. そうです。 *That's right.* **2**
Sō desu ka. そうですか。 *I see.* **7**
Sō desu ne. そうですね。 *You're right.* **15**
sōji そうじ *cleaning* **14**
sono その *that* **3**
sono その *the* **11**
sore それ *that* **3**
sorekara それから *and then, after that* **4**
sōsa 操作 *operation* **13**
soshite そして *and* **12**
sotsugyō-suru 卒業する[Ⅲ] *graduate* **7**
sūgaku 数学 *mathematics* **1**
suiei すいえい *swimming* **1**
sui-yōbi 水曜日 *Wednesday* **6**
sukii スキー *skiing* **10**
suki(na) 好き(な) *like* **14**
sukiyaki すきやき
beef and vegetables cooked in an iron pot **3**
sukoshi 少し *a little* **14**
sukyūba-daibingu スキューバダイビング
scuba diving **10**
sumimasen すみません *excuse me* **5**
Sumimasen. すみません。 *I'm sorry.* **2**
sumō すもう *sumo* **10**
sūpā スーパー *supermarket* **4**
supagetti スパゲッティ *spaghetti* **3**
supiichi スピーチ *speech* **12**
supōtsu スポーツ *sports* **4**
supōtsu-sentā スポーツセンター *sports center* **6**
suru する[Ⅲ] *do* **4**
sushi すし *sushi* **3**
suzushii すずしい *cool* **11**

T

tabako タバコ *tobacco, cigarette(s)* **2**
tabemono 食べ物 *food* **11**
taberu 食べる[Ⅱ] *eat* **4**
taihen(na) 大変(な) *hard* **11**
taiikukan 体育館 *gymnasium* **9**
Tai-jin タイ人 *Thai* **1**
taishikan 大使館 *embassy* **6**
takai 高い *expensive, tall, high* **11**
takusan たくさん *many, much, a lot* **9**
tamago たまご *egg* **3**

tanjōbi 誕生日 *birthday* **7**
tanoshii 楽しい *enjoyable* **11**
tatemono 建物 *building* **11**
tēburu テーブル *table* **9**
techō 手帳 *pocket diary* **3**
tegami 手紙 *letter* **10**
teikiken 定期券 *commuter pass* **3**
teishoku 定食 *set menu* **3**
tendon 天丼 *tenpura on rice* **3**
tenisu テニス *tennis* **1**
tenisu-kōto テニスコート *tennis court* **8**
tenki 天気 *weather* **12**
tenpura てんぷら
vegetables and/or fish fried in batter **3**
tensū てんすう *mark, score* **11**
tera てら *temple* **11**
terebi テレビ *TV* **3**
terehon-kādo テレホンカード *telephone card* **3**
tesuto テスト *test* **14**
toire トイレ *toilet* **8**
tōka 10日 *tenth, ten days* **7**
tokai 都会 *city* **15**
tokei 時計 *watch, clock* **3**
tokidoki ときどき *sometimes* **4**
tokoro 所 *place* **11**
tomato トマト *tomato* **3**
tomodachi 友達 *friend* **6**
tonari となり *next* **9**
tonkatsu とんかつ *pork cutlet* **3**
tori 鳥 *bird* **8**
toriniku とり肉 *chicken* **3**
toru (shashin o) とる（写真を）Ⅰ
take (a picture) **10**
toshokan 図書館 *library* **8**
tosho-shitsu 図書室 *library* **8**
totemo とても *very much* **11**
tsuitachi 1日 *first day of the month* **7**
tsuki 月 *moon* **15**
tsukue つくえ *desk* **8**
tsumaranai つまらない *dull, boring* **11**
tsumetai つめたい *cold* **11**

U

uchi うち *home* **4**
udon うどん *noodles* **3**
ue 上 *on, above* **9**
umi 海 *sea* **7**
ushiro うしろ *back* **9**
uta 歌 *song* **14**

W

wā わあ *wow* **13**
～ wa chotto.... ～は ちょっと……。
～ is a bit difficult. **7**
wain ワイン *wine* **3**
wakaru (Nihon-go ga) わかる（日本語が）Ⅰ
understand (Japanese) **14**
warui 悪い *bad* **11**
washitsu 和室 *Japanese-style room* **8**
watashi わたし *I* **1**
Watashi mo sō omoimasu. わたしも そう 思います。
I think so, too. **15**
Watashi wa sō omoimasen.
わたしは そう 思いません。
I don't think so. **15**

Y

yachin 家賃 *house rent* **8**
yakizakana 焼き魚 *grilled fish* **3**
yakyū 野球 *baseball* **7**
yama 山 *mountain* **10**
yamanobori 山のぼり *mountain climbing* **1**
yamanobori o suru 山のぼりを するⅢ
climb a mountain **6**
yasai 野菜 *vegetable* **3**
yasashii やさしい *easy* **11**
yasui 安い *cheap* **11**
yasumu 休むⅠ *rest* **13**
yōka 8日 *eighth, eight days* **7**
yokka 4日 *fourth, four days* **7**
yoko よこ *next* **9**
yoku よく *well* **14**
yomu 読むⅠ *read* **4**
yon 四 *four* **1**
yoru 夜 *evening, night* **4**
yōshitsu 洋室 *Western-style room* **8**
yūbinkyoku 郵便局 *post office* **5**
yuka ゆか *floor* **9**
yukkuri ゆっくり *leisurely* **13**
yūmei(na) 有名(な) *famous* **11**
yūro ユーロ *Euro* **2**

Z

zaishitsu 在室 *in* **8**
Zannen desu ne. ざんねんですね。
I'm sorry (to hear that). That's a pity. **7**

zasshi　ざっし　*magazine*　**3**
zehi　ぜひ　*by all means*　**11**
zemi　ゼミ　*seminar*　**5**
zenzen ～ masen　ぜんぜん ～ません
not ～ at all　**14**
zero　ゼロ　*zero*　**1**
zubon　ズボン　*trousers*　**11**

索引(さくいん) 英日(えいにち) English-Japanese Index

A

a bit ちょっと chotto **7**
a little 少し sukoshi **14**
a lot たくさん takusan **9**
above 上 ue **9**
academic convention 学会 gakkai **10**
address 住所 jūsho **2**
after that それから sorekara **4**
afternoon 午後 gogo **5**
air conditioner エアコン eakon **8**
airplane 飛行機 hikōki **6**
airport 空港 kūkō **6**
alone 一人で hitori de **6**
always いつも itsumo **4**
a.m. 午前 gozen **5**
American アメリカ人 Amerika-jin **1**
and そして soshite **12**
and then それから sorekara **4**
animation アニメ anime **4**
answer 答え kotae **11**
anybody だれか dareka **8**
anything 何か nanika **8**
anything else ほかに hokani **13**
anywhere どこか dokoka **12**
apartment アパート apāto **8**
apple りんご ringo **3**
April 4月 shi-gatsu **7**
architecture 建築 kenchiku **1**
art museum 美術館 bijutsu-kan **7**
ask (a friend) 聞く (友達に) [I] kiku (tomodachi ni) **11**
assistant 助手 joshu **1**
associate professor 助教授 jokyōju **1**
August 8月 hachi-gatsu **7**
Australian オーストラリア人 Ōsutoraria-jin **1**

B

back うしろ ushiro **9**
bad 悪い warui **11**
badminton バドミントン badominton **14**
bad-tasting まずい mazui **11**
bag かばん kaban **3**
ballpoint pen ボールペン bōrupen **2**
banana バナナ banana **2**
bank 銀行 ginkō **5**
baseball 野球 yakyū **7**
bathtub おふろ o-furo **8**
bathtub ふろ furo **8**
battery 電池 denchi **9**
be ある[I] aru **8**
be いる[II] iru **8**
be bad at 下手(な) heta(na) **14**
be good at 上手(な) jōzu(na) **14**
beautiful きれい(な) kirei(na) **11**
bed ベッド beddo **9**
beef 牛肉 gyūniku **3**
beef and vegetables cooked in an iron pot すきやき sukiyaki **3**
beer ビール biiru **2**
between 間 aida **9**
beverage 飲み物 nomimono **14**
bicycle 自転車 jitensha **6**
big 大きい ōkii **11**
big population 人口が 多い jinkō ga ōi **15**
bird 鳥 tori **8**
birthday 誕生日 tanjōbi **7**
black 黒い kuroi **9**
black tea 紅茶 kōcha **3**
boat ボート bōto **3**
book 本 hon **3**
boring つまらない tsumaranai **11**
both どちらも dochira mo **15**
bowling ボーリング bōringu **7**
box はこ hako **9**
boy 男の 子 otoko no ko **8**
boyfriend 恋人 koibito **11**
boyfriend ボーイフレンド bōi-furendo **13**
bread パン pan **3**
breakfast 朝ごはん asa-gohan **4**
bridge はし hashi **11**
bright 明るい akarui **13**
buckwheat noodles そば soba **3**
building 建物 tatemono **11**
Building #1 1号館 ichi-gōkan **9**
Building #2 2号館 ni-gōkan **9**
Building #3 3号館 san-gōkan **9**
bullet train 新幹線 Shinkansen **6**
bus バス basu **6**
bus stop バスてい basu-tei **8**
busy いそがしい isogashii **11**
but でも demo **11**
buy 買う[I] kau **4**
by all means ぜひ zehi **11**

C

cabbage キャベツ kyabetsu **3**

D

door ドア doa **9**
dormitory 寮 ryō **1**
drama ドラマ dorama **4**
drawer ひき出し hikidashi **9**
drawing え e **10**
drink 飲む[I] nomu **4**
dull つまらない tsumaranai **11**

E

earth 地球 chikyū **15**
easy やさしい yasashii **11**
easy かんたん(な) kantan(na) **12**
eat 食べる[II] taberu **4**
economics 経済学 keizaigaku **1**
Edo period 江戸時代 Edo-jidai **15**
egg たまご tamago **3**
Egyptian エジプト人 Ejiputo-jin **1**
eight 八 hachi **1**
eight days 8日 yōka **7**
eighth 8日 yōka **7**
electronic dictionary 電子辞書 denshi-jisho **3**
electronic engineering 電子工学 denshi-kōgaku **1**
elevator エレベーター erebētā **9**
e-mail メール mēru **10**
embassy 大使館 taishikan **6**
emergency exit 非常口 hijōguchi **8**
end 終わる[I] owaru **11**
engineering 工学 kōgaku **1**
Englishman イギリス人 Igirisu-jin **1**
Englishwoman イギリス人 Igirisu-jin **1**
enjoyable 楽しい tanoshii **11**
Euro ユーロ yūro **2**
evening 夜 yoru **4**
every day 毎日 mainichi **7**
examination 試験 shiken **12**
excuse me すみません sumimasen **5**
exist ある[I] aru **8**
exist いる[II] iru **8**
expensive 高い takai **11**
experiment 実験する[III] jikken-suru **4**
experiment 実験 jikken **11**
extension ないせん naisen **1**

F

factory 工場 kōjō **10**
fall ふる（雨が）[I] furu（ame ga） **7**
family 家族 kazoku **6**
famous 有名(な) yūmei(na) **11**
February 2月 ni-gatsu **7**
fifth 5日 itsuka **7**
file ファイル fairu **2**
Filipino フィリピン人 Firipin-jin **1**
fine 元気(な) genki(na) **11**
fireworks 花火 hanabi **7**
first day of the month 1日 tsuitachi **7**
first year 1年 ichi-nen **1**
fish 魚 sakana **3**
fish fried in batter てんぷら tenpura **3**
five 五 go **1**
five days 5日 itsuka **7**
floor ゆか yuka **9**
flower 花 hana **10**
food 食べ物 tabemono **11**
football サッカー sakkā **14**
foreign student section 留学生課 ryūgakusei-ka **9**
for now これで korede **11**
four 四 yon **1**
four 四 shi **1**
four days 4日 yokka **7**
fourteen days 14日 jū-yokka **7**
fourteenth 14日 jū-yokka **7**
fourth 4日 yokka **7**
free (time) ひま(な) hima(na) **11**
Frenchman フランス人 Furansu-jin **1**
Frenchwoman フランス人 Furansu-jin **1**
Friday 金曜日 kin-yōbi **6**
fried chicken からあげ kara'age **3**
friend 友達 tomodachi **6**
fruit 果物 kudamono **3**

G

German ドイツ人 Doitsu-jin **1**
get up 起きる[II] okiru **5**
girl 女の 子 onna no ko **8**
girlfriend 恋人 koibito **11**
girlfriend ガールフレンド gāru-furendo **13**
give あげる[II] ageru **10**
glasses めがね megane **13**
go 行く[I] iku **6**
gone home 帰宅 kitaku **8**
good いい ii **11**
Good afternoon. こんにちは。 Konnichiwa. **1**
Good-bye. さようなら。 Sayōnara. **1**
Good-bye. おさきに しつれいします。 O-saki ni shitsurei-shimasu. **2**
Good evening. こんばんは。 Konbanwa. **1**

Good morning. おはよう ございます。 Ohayō gozaimasu. **1**

Good night. おやすみなさい。 Oyasuminasai. **1**

go to bed ねる[Ⅱ] neru **5**

graduate 卒業する[Ⅲ] sotsugyō-suru **7**

graduate student 大学院生 daigakuinsei **1**

grape ぶどう budō **3**

green tea お茶 ocha **3**

grilled fish 焼き魚 yakizakana **3**

guitar ギター gitā **14**

gymnasium 体育館 taiikukan **9**

H

half はん han **5**

hamburger ハンバーガー hanbāgā **2**

handout プリント purinto **3**

hard 大変(な) taihen(na) **11**

healthy 元気(な) genki(na) **11**

high 高い takai **11**

hiking ハイキング haikingu **10**

hiragana script ひらがな hiragana **14**

hobby しゅみ shumi **1**

home うち uchi **4**

homework 宿題 shukudai **14**

hot 暑い atsui **11**

hot 熱い atsui **11**

hot からい karai **11**

hotel ホテル hoteru **12**

house 家 ie **3**

house rent 家賃 yachin **8**

how どう dō **11**

How are you? お元気ですか。 O-genki desu ka. **2**

however でも demo **11**

how many minute(s) 何分 nan-pun **5**

how much いくら ikura **2**

hundred 百 hyaku **2**

hunded million 一億 ichi-oku **3**

I

I わたし watashi **1**

ice hockey アイスホッケー aisu-hokkē **14**

I don't think so. わたしは そう 思いません。 Watashi wa sō omoimasen. **15**

I'm going to eat. いただきます。 Itadakimasu. **2**

I'm pleased to meet you. こちらこそ どうぞ よろしく おねがいします。 Kochirakoso dōzo yoroshiku onegai-shimasu. **1**

I'm sorry. すみません。 Sumimasen. **2**

I'm sorry (to hear that). ざんねんですね。 Zannen desu ne. **7**

in 在室 zaishitsu **8**

in 中 naka **9**

Indian インド人 Indo-jin **1**

Indonesian インドネシア人 Indoneshia-jin **1**

information じょうほう jōhō **15**

in front of 前 mae **9**

instructor 教師 kyōshi **1**

instructor 先生 sensei **1**

interesting おもしろい omoshiroi **11**

International Student Center 留学生センター ryūgakusei-sentā **9**

invention 発明 hatsumei **15**

Iranian イラン人 Iran-jin **1**

～is a bit difficult. ～は ちょっと……。 ～ wa chotto.... **7**

I see. そうですか。 Sō desu ka. **7**

Italian イタリア人 Itaria-jin **1**

I think so, too. わたしも そう 思います。 Watashi mo sō omoimasu. **15**

It's all right. だいじょうぶです。 Daijōbu desu. **7**

It was a nice meal. ごちそうさまでした。 Gochisōsama deshita. **2**

J

January 1月 ichi-gatsu **7**

Japan 日本 Nihon **6**

Japanese 日本人 Nihon-jin **1**

Japanese cooking 日本料理 Nihon-ryōri **14**

Japanese dish 日本料理 Nihon-ryōri **14**

Japanese language 日本語 Nihon-go **4**

Japanese-style room 和室 washitsu **8**

jazz ジャズ jazu **4**

jeans ジーンズ jiinzu **3**

judo 柔道 jūdō **14**

juice ジュース jūsu **4**

July 7月 shichi-gatsu **7**

June 6月 roku-gatsu **7**

K

karate 空手 karate **13**

katakana script カタカナ katakana **14**

key かぎ kagi **3**

key money 礼金 reikin **8**

kind 親切(な) shinsetsu(na) **11**

kitchen 台所 daidokoro **8**
Korean 韓国人 Kankoku-jin **1**

L

last month 先月 sengetsu **7**
last week 先週 senshū **7**
last year 去年 kyonen **7**
law 法学 hōgaku **1**
learn 習う[I] narau **13**
lecture 講義 kōgi **5**
lecturer 講師 kōshi **1**
lecture room 講義室 kōgi-shitsu **8**
left 左 hidari **9**
leisurely ゆっくり yukkuri **13**
letter 手紙 tegami **10**
letter 字 ji **14**
library 図書室 tosho-shitsu **8**
library 図書館 toshokan **8**
life 生活 seikatsu **11**
like 好き(な) suki(na) **14**
listen to 聞く[I] kiku **4**
literature 文学 bungaku **1**
lively にぎやか(な) nigiyaka(na) **11**
lobby ロビー robii **8**
long 長い nagai **11**
lunch 昼ごはん hiru-gohan **4**

M

magazine ざっし zasshi **3**
main building 本館 honkan **9**
main gate 正門 seimon **9**
major 専門 senmon **1**
make (a phone call) かける(電話を)[II] kakeru (denwa o) **10**
make a presentation 発表する[III] happyō-suru **11**
man 男の 人 otoko no hito **8**
mandarin orange みかん mikan **3**
many たくさん takusan **9**
many 多い ōi **13**
map 地図 chizu **3**
March 3月 san-gatsu **7**
mark てんすう tensū **11**
master's (course) 修士 shūshi **1**
mathematics 数学 sūgaku **1**
May 5月 go-gatsu **7**
meal ごはん gohan **10**
meat 肉 niku **3**
medicine 医学 igaku **1**
meet (a friend) 会う(友達に)[I] au (tomodachi ni) **10**
Meiji period 明治時代 Meiji-jidai **15**
memory メモリー memorii **13**
milk 牛乳 gyūnyū **2**
minute 一分 -fun, -pun **5**
Miss ～さん ～san **2**
mobile phone けいたい keitai **1**
Monday 月曜日 getsu-yōbi **6**
money お金 o-kane **13**
money 金 kane **13**
moon 月 tsuki **15**
morning 朝 asa **4**
morning 午前 gozen **5**
mountain 山 yama **10**
mountain climbing 山のぼり yamanobori **1**
mouse ねずみ nezumi **9**
movies 映画 eiga **1**
Mr. ～さん ～san **2**
Mrs. ～さん ～san **2**
much たくさん takusan **9**
music 音楽 ongaku **1**

N

name お名前 o-namae **2**
name 名前 namae **2**
narrow せまい semai **11**
nation お国 o-kuni **2**
nation 国 kuni **2**
nature 自然 shizen **15**
near 近く chikaku **9**
new 新しい atarashii **11**
news ニュース nyūsu **4**
newspaper 新聞 shinbun **3**
New Year's card 年賀状 nengajō **7**
next となり tonari **9**
next よこ yoko **9**
next month 来月 raigetsu **7**
next time 今度 kondo **10**
next week 来週 raishū **7**
next year 来年 rainen **7**
Nice to meet you. はじめまして。 Hajimemashite. **1**
Nice to meet you. どうぞ よろしく おねがいします。 Dōzo yoroshiku onegai-shimasu. **1**
night 夜 yoru **4**
nine 九 kyū **1**

nine 九 ku **1**
nine days 9日 kokonoka **7**
nineteen days 19日 jū-ku-nichi **7**
nineteenth 19日 jū-ku-nichi **7**
ninth 9日 kokonoka **7**
no いいえ iie **3**
noodles うどん udon **3**
not ~ at all ぜんぜん ～ません zenzen ~ masen **14**
notebook ノート nōto **2**
nothing 何も nani mo **4**
not ~ so much あまり ～では ありません／くないです amari ~ dewa arimasen/kunai desu **11**
not ~ very much あまり ～ません amari ~ masen **14**
not ~ very well あまり ～ません amari ~ masen **14**
novel 小説 shōsetsu **4**
November 11月 jū-ichi-gatsu **7**
now 今 ima **5**
nowhere どこへも doko e mo **6**
nowhere どこも dokomo **6**
number 番号 bangō **1**

O

o (alphabet) オー ō **3**
o'clock —時 -ji **5**
October 10月 jū-gatsu **7**
of course もちろん mochiron **13**
off campus 学外 gakugai **8**
office 事務室 jimu-shitsu **8**
oh あ a **9**
old 古い furui **11**
on 上 ue **9**
on campus 学内 gakunai **8**
once 一度 ichido **11**
one 一 ichi **1**
on foot 歩いて aruite **6**
operation 操作 sōsa **13**
other ほかの hoka no **15**
out 不在 fuzai **8**
overseas student 留学生 ryūgakusei **1**

P

painting え e **10**
park こうえん kōen **8**
parking lot 駐車場 chūshajō **8**
party パーティー pātii **10**
pen ペン pen **3**
perfume 香水 kōsui **11**
person 人 hito **8**
Ph.D. (course) 博士 hakase **1**
Ph.D. (course) 博士 hakushi **1**
photocopy machine card コピーカード kopii-kādo **9**
photography 写真 shashin **1**
physics 物理 butsuri **1**
piano ピアノ piano **1**
picture postcard えはがき ehagaki **11**
ping-pong ピンポン pinpon **1**
place 所 tokoro **11**
Please come. 来て ください。 Kite kudasai. **11**
p.m. 午後 gogo **5**
pocket diary 手帳 techō **3**
police box こうばん kōban **8**
pond 池 ike **9**
pop music ポップス poppusu **4**
pork ぶた肉 butaniku **3**
pork cutlet とんかつ tonkatsu **3**
postcard はがき hagaki **11**
post office 郵便局 yūbinkyoku **5**
potato じゃがいも jagaimo **3**
preparation じゅんび junbi **12**
present プレゼント purezento **10**
presentation 発表 happyō **10**
processing speed 処理速度 shori-sokudo **13**
professor (course) 博士 hakase **1**
program ばんぐみ bangumi **11**
purse さいふ saifu **3**
pyramid ピラミッド piramiddo **3**

Q

quiet しずか(な) shizuka(na) **11**

R

radio ラジオ rajio **4**
rain 雨 ame **7**
read 読む[I] yomu **4**
reading 読書 dokusho **1**
real estate agent 不動産屋 fudōsan-ya **8**
realtor 不動産屋 fudōsan-ya **8**
receive もらう[I] morau **10**
refrigerator れいぞうこ reizōko **9**
report レポート repōto **6**
research 研究する[III] kenkyū-suru **4**

research 研究 kenkyū **10**
researcher 研究員 kenkyūin **1**
research institute 研究所 kenkyū-jo **1**
research student 研究生 kenkyūsei **1**
rest 休む[I] yasumu **13**
result けっか kekka **11**
return 帰る[I] kaeru **6**
rice ごはん gohan **10**
right 右 migi **9**
river 川 kawa **11**
robot ロボット robotto **10**
rock (music) ロック rokku **14**
room へや heya **8**
rugby football ラグビー ragubii **14**
Russian ロシア人 Roshia-jin **1**

S

safe 安全(な) anzen(na) **15**
Saturday 土曜日 do-yōbi **6**
scenery けしき keshiki **12**
school record せいせき seiseki **12**
scissors はさみ hasami **9**
score てんすう tensū **11**
screen 画面 gamen **13**
scuba diving スキューバダイビング sukyūba-daibingu **10**
sea 海 umi **7**
second 2日 futsuka **7**
second year 2年 ni-nen **1**
See you tomorrow. また あした。 Mata ashita. **2**
seminar ゼミ zemi **5**
send 送る[I] okuru **10**
September 9月 ku-gatsu **7**
set menu 定食 teishoku **3**
seven 七 nana **1**
seven 七 shichi **1**
seven days 7日 nanoka **7**
seventh 7日 nanoka **7**
shampoo シャンプー shanpū **4**
Shinto shrine 神社 jinja **7**
shirt シャツ shatsu **4**
shoes くつ kutsu **6**
shopping 買い物 kaimono **10**
short 短い mijikai **11**
shower シャワー shawā **8**
sightseeing 観光 kankō **10**
simple かんたん(な) kantan(na) **12**
six 六 roku **1**
six days 6日 muika **7**
six-mat tatami room 6畳 roku-jō **8**
sixth 6日 muika **7**
skiing スキー sukii **10**
small 小さい chiisai **11**
soap せっけん sekken **4**
sock(s) くつ下 kutsushita **9**
sometime 今度 kondo **10**
sometimes ときどき tokidoki **4**
song 歌 uta **14**
spaghetti スパゲッティ supagetti **3**
speech スピーチ supiichi **12**
speedy はやい hayai **13**
spicy からい karai **11**
sports スポーツ supōtsu **4**
sports center スポーツセンター supōtsu-sentā **6**
stairs かいだん kaidan **9**
stapler ホッチキス hotchikisu **9**
station 駅 eki **6**
strict きびしい kibishii **12**
student 学生 gakusei **1**
student cafeteria 学食 gakushoku **4**
study 研究する[III] kenkyū-suru **4**
study 勉強する[III] benkyō-suru **4**
study 勉強 benkyō **14**
study room 研究室 kenkyū-shitsu **1**
subway 地下鉄 chikatetsu **6**
sumo すもう sumō **10**
sumo wrestler おすもうさん osumōsan **11**
Sunday 日曜日 nichi-yōbi **6**
superintendent 管理人 kanri-nin **8**
supermarket スーパー sūpā **4**
surfing サーフィン sāfin **10**
sushi すし sushi **3**
sweater セーター sētā **11**
sweet あまい amai **11**
swim およぐ[I] oyogu **6**
swimming すいえい suiei **1**
swimming pool プール pūru **6**
systems engineer システムエンジニア shisutemu-enjinia **1**

T

table テーブル tēburu **9**
take (a picture) とる(写真を)[I] toru (shashin o) **10**
tall 高い takai **11**
teacher 教師 kyōshi **1**
teacher 先生 sensei **1**
telephone 電話 denwa **1**

telephone card テレホンカード terehon-kādo **3**
temple おてら o-tera **11**
temple てら tera **11**
ten 十 jū **1**
ten days 10日 tōka **7**
tennis テニス tenisu **1**
tennis court テニスコート tenisu-kōto **8**
tenpura on rice 天丼 tendon **3**
tenth 10日 tōka **7**
ten thousand 一万 ichi-man **3**
test テスト tesuto **14**
Thai タイ人 Tai-jin **1**
Thank you. ありがとう ございます。 Arigatō gozaimasu. **1**
Thank you very much. どうも ありがとう ございます。 Dōmo arigatō gozaimasu. **9**
that あれ are **3**
that その sono **3**
that あの ano **3**
that それ sore **3**
That's all. 以上です。 Ijō desu. **11**
That's a pity. ざんねんですね。 Zannen desu ne. **7**
That's good. いいですね Ii desu ne. **7**
That's right. そうです。 Sō desu. **2**
That's true, isn't it? ほんとうですね。 Hontō desu ne. **15**
-th day of the month 一日 -nichi **7**
the その sono **11**
the day after tomorrow あさって asatte **6**
the day before yesterday おととい ototoi **6**
the most いちばん ichiban **15**
thesis 論文 ronbun **4**
thing 物 mono **11**
think 思う[I] omou **15**
third 3日 mikka **7**
third year 3年 san-nen **1**
this この kono **3**
this これ kore **3**
this month 今月 kongetsu **7**
this week 今週 konshū **7**
this year 今年 kotoshi **7**
-th mouth of the year 一月 -gatsu **7**
thousand 千 sen **3**
three 三 san **1**
three days 3日 mikka **7**
Thursday 木曜日 moku-yōbi **6**
time 時間 jikan **13**
tobacco タバコ tabako **2**
today きょう kyō **6**
together いっしょに issho ni **7**
toilet トイレ toire **8**
tomato トマト tomato **3**
tomorrow あした ashita **6**
toothbrush はブラシ ha-burashi **4**
town 町 machi **11**
train 電車 densha **6**
trash box ごみばこ gomibako **9**
travelling 旅行 ryokō **1**
tree 木 ki **9**
trousers ズボン zubon **11**
Tuesday 火曜日 ka-yōbi **6**
TV テレビ terebi **3**
twentieth 20日 hatsuka **7**
twentieth century 20世紀 ni-jus-seiki **15**
twenty days 20日 hatsuka **7**
twenty four days 24日 ni-jū-yokka **7**
twenty fourth 24日 ni-jū-yokka **7**
twenty nine days 29日 ni-jū-ku-nichi **7**
twenty ninth 29日 ni-jū-ku-nichi **7**
two 二 ni **1**
two days 2日 futsuka **7**

U

umbrella かさ kasa **3**
under 下 shita **9**
understand (Japanese) わかる（日本語が）[I] wakaru (Nihon-go ga) **14**
university 大学 daigaku **1**
university student 大学生 daigakusei **1**
US dollar ドル doru **2**

V

vegetable 野菜 yasai **3**
vegetables and/or fish fried in batter てんぷら tenpura **3**
vending machine 自動販売機 jidō-hanbai-ki **8**
very much とても totemo **11**
video ビデオ bideo **3**
video camera ビデオカメラ bideo-kamera **3**
Vietnamese ベトナム人 Betonamu-jin **1**
visit some place for study 見学 kengaku **10**

W

walking さんぽ sanpo **10**
want ほしい hoshii **13**

ward office 区役所 kuyakusho **6**
warm あたたかい atatakai **11**
watch 時計 tokei **3**
watch 見る[II] miru **4**
water 水 mizu **4**
weather 天気 tenki **12**
Wednesday 水曜日 sui-yōbi **6**
weekend 週末 shūmatsu **12**
well よく yoku **14**
Western-style room 洋室 yōshitsu **8**
what 何 nan **2**
what 何 nani **4**
what day of the week 何曜日 nan-yōbi **6**
what days 何日 nan-nichi **7**
what kind of どんな donna **11**
what month 何月 nan-gatsu **7**
what place どこ doko **4**
what time 何時 nan-ji **5**
when いつ itsu **7**
where どちら dochira **2**
where どこ doko **4**
which どちら dochira **15**
white 白い shiroi **9**
who だれ dare **6**
whose だれの dare no **3**
wide 広い hiroi **11**
wine ワイン *wain* **3**
woman 女の 人 onna no hito **8**
work 働く[I] hataraku **10**
world 世界 sekai **15**
wow わあ wā **13**
write 書く[I] kaku **6**

Y

—year(s) —年 -nen **7**
yen 円 en **2**
yes はい hai **2**
yesterday きのう kinō **6**
you あなた anata **2**
You're right. そうですね。 Sō desu ne. **15**
You're welcome. どういたしまして。 Dō itashimashite. **1**

Z

zero ゼロ zero **1**
zero れい rei **1**

著者　　　　山﨑佳子
東京大学大学院工学系研究科国際交流室専任講師
元東京工業大学留学生センター非常勤講師

土井みつる
東京工業大学留学生センター非常勤講師

イラスト　　坂本三千代

表紙デザイン　糟谷一穂

新装版 Basic Japanese for Students
はかせ　1
留学生の日本語初級 45 時間

2002年12月18日　初 版 第 1 刷 発 行
2006年11月 1 日　新装版第 1 刷発行

監　修	東京工業大学留学生センター
著　者	山﨑佳子　土井みつる
発行者	髙井道博
発　行	株式会社スリーエーネットワーク
	〒101-0064　東京都千代田区猿楽町 2-6-3（松栄ビル）
電　話	営業　03（3292）5751
	編集　03（3292）6521
	http://www.3anet.co.jp
印　刷	松澤印刷株式会社

ISBN4-88319-405-1　C0081